CATALOGUE

des

OBJETS D'ART

ET DE HAUTE CURIOSITÉ

ANTIQUES & DE LA RENAISSANCE

MÉDAILLES

COMPOSANT LA COLLECTION DE FEU

M. le vicomte de JANZÉ

ET DONT LA VENTE AURA LIEU

PAR SUITE DE SON DÉCÈS

HOTEL DROUOT, SALLE N° 5

Les Lundi 16 Avril 1866 et jours suivants.

A DEUX HEURES.

Par le ministère de M° **CHARLES PILLET**, Commissaire-Priseur,
rue de Choiseul, 11,

ASSISTÉ DE

MM. **ROLLIN** et **FEUARDENT**, Experts, 12, rue Vivienne,

Charles **MANNHEIM**, Expert, 10, rue de la Paix,

CLÉMENT, Expert, rue des Saints-Pères, 3.

EXPOSITIONS { Particulière, le Samedi 14 Avril 1866.
Publique, le Dimanche 15 Avril 1866.

DE UNE HEURE A CINQ.

CONDITIONS DE LA VENTE

Elle sera faite au comptant.

En sus des enchères, les acquéreurs payeront *cinq pour cent.*

L'exposition mettant le public à même de se rendre compte de l'état des objets, il ne sera admis aucune réclamation une fois l'adjudication prononcée.

Ce Catalogue se trouve :

Chez MM.

A *Paris,*	CHARLES PILLET, commissaire-priseur, 11, rue de Choiseul.
—	ROLLIN ET FEUARDENT, experts, rue Vivienne, 12.
—	MANNHEIM, experts, 10, rue de la Paix.
—	CLÉMENT, expert, rue des Saints-Pères, 3.
A *Londres*	COLNAGHI, 14, Pall-Mall-East.
—	JOHN WEBB, 22, Cork-Street, Burlington-Garden.
—	H. DURLACHER, 113, New-Bond street.
—	ANNOOT, 16, Old-Bond street.
—	F. DAVIS, 101, New-Bond street.
—	GAMBART, 120, Pall-Mall.
A *Bruxelles,*	ÉTIENNE LEROY, 12, place du Grand-Sablon
A *Rotterdam,*	LAMME, conservateur du Musée.
A *La Haye,*	VAN GOGH, marchand d'estampes.
A *Berlin,*	FIOCATI, 21, unter den Linden.
—	LEPKE, 12, id.
A *Vienne,*	ARTARIA et Cᵉ.
—	Maison GOUPIL, représentant M KAESER
A *Francfort-s.-Mein,*	LIEVENSTEIN frères, Zeil.
—	GOLDSCHMIDT, Zeil, hôtel de Russie.
A *Saint-Pétersbourg,*	NEGRI père et fils.

Paris. — Imp. de PILLET fils aîné, rue des Grands-Augustins, 5.

DÉSIGNATION

DES OBJETS

MONUMENTS DE LA RENAISSANCE

Sculptures

1 — Marbre blanc. — Bas-relief. Tête de Vierge, profil à gauche, dans le style de Mino de Fiesole. xvᵉ siècle. Haut., 24 cent.; larg., 16 cent.

2 — Marbre blanc. — Bas-relief, cintré par le haut. Buste de jeune homme tourné à gauche; la tête ceinte d'une couronne de lauriers. École florentine du xvᵉ siècle. Haut., 32 cent.; larg., 21 cent.

3 — Marbre blanc — Haut-relief. La Vierge et l'Enfant Jésus, reposant sur une tête de chérubin. Ce groupe est placé sous un monument à plein-cintre, enrichi d'ornements très-finement sculptés en bas-relief. Au bas se trouve l'inscription : VERA. VIRGO. ET. MATER. DEI. Ouvrage italien de la première moitié du xviᵉ siècle. Haut., 63 cent.; larg., 35 cent.

4 — Marbre blanc. — Bas-relief. La Vierge nimbée et vue à mi-corps, regarde son divin Fils à demi-couché sur son bras gauche. Dans le fond, un ange porte une coupe chargée de fruits. De chaque côté un candélabre orné, forme pilastre. École de Donatello. Haut., 69 cent.; larg., 44 cent.

5 — Porphyre rouge oriental. — Bas-relief sans fond. La Vierge vue à mi-corps, tenant son divin fils debout. Ouvrage italien de la fin du xve siècle. Haut., 39 cent.; larg., 26 cent.

6 — Marbre rouge antique. — Ronde-bosse. — Tête de satyre souriant, grandeur nature. Travail italien du xvie siècle.

7 — Marbre blanc. — Buste de jeune femme, avec chlamyde en albâtre orientale et piédouche en porphyre rouge oriental. Haut., 55 cent.

8 — Marbre blanc. — Buste de jeune romain, sur piédouche en brèche violette. Haut., 50 cent.

9 — Marbre blanc, veiné de rouge. — Haut-relief. — Buste d'homme barbu, profil à droite. Ouvrage italien du xvie siècle. Haut., 32 cent.; larg., 27 cent.

10 — Marbre blanc. — Haut-relief de forme carrée, présentant un buste de femme vue de profil et tournée vers la gauche. Travail de la fin du xvie siècle. Haut., 29 cent.; larg., 21 cent.

11 — Marbre blanc. — Bas-relief. — Médaillon rond présentant à son centre, une figure d'homme assis, dans un paysage et tenant un listel sur lequel se trouve gravée l'inscription suivante : Si. T. Vitae. Norma de Calogus. Bordure à oves en relief. Travail italien du XVI° siècle. Diam., 33 cent.

135 Du Boys

12 — Marbre blanc. — Bas-relief. — La force, figurée par une statuette de femme debout et drapée, portant une colonne brisée. Sculpture dans le goût de Germain Pilon. XVI° siècle. Haut., 29 cent.; larg., 19 cent.

340 Gariel

13 — Marbre blanc. — Haut-relief. — Bénitier formé par une tête de chérubin, supportant une coquille. XVII° siècle. Haut., 24 cent.

102 Du Boys

14 — Marbre blanc. — Bas-relief de forme carré long, représentant la Foi. Composition de cinq figures. Travail français de la fin du XVI° siècle. Larg., 43 cent.; Haut., 21 cent.

205 Dalligny

15 — Marbre blanc. — Haut-relief.—Lucrèce nue et debout, se frappant d'un poignard qu'elle tient de la main droite. XVI° siècle. Haut., 34 cent.

240 Quantinet

16 — Marbre blanc. — Groupe. — Hercule et le lion de Némée. Ouvrage italien du XVI° siècle. Haut., 33 cent.; larg., 42 cent.

67 Charlet

29
Charlet

17 — Marbre blanc. — Ronde-bosse. — Amour couché sur un dauphin. xvie siècle.

13

18 — Marbre blanc. — Bas-relief. — Tête de Gorgone, vue de face. Fragment.

300
Piot

19 — Marbre blanc. — Ronde-bosse. — Figure de femme assise. Elle tient un rouleau de la main droite. xvie siècle. Haut., 29 cent.

50
Du Boys

20 — Marbre blanc. — Fragment de bas-relief. La Vierge et l'Enfant Jésus. xviie siècle. Haut., 19 cent.

60
Du Boys

21 — Marbre blanc. — Bas-relief. — Frise présentant deux griffons placés à droite et à gauche d'un vase.

22
Du Boys

22 — Marbre blanc. — Bas-relief. — Figure de femme à demi couchée. Haut., 12 cent.; larg., 34 cent.

95
Carrand

23 — Marbre blanc. — Médaillon rond, présentant un buste d'homme, profil à droite, sculpté en bas-relief. Style xvie siècle. Diam., 18 cent.

430
Armand

24 — Terre cuite. — Bas-relief. Ecole de Donatello. — La Vierge nimbée, vue à mi-corps, tenant son divin Fils assis sur son bras gauche. Haut., 45 cent.; larg. 33 cent.

52
de Vogüé

25 — Terre cuite. — Moïse, d'après Michel-Ange. Ouvrage de l'époque. Haut., 38 cent.

26 — Terre émaillée de Lucca della Robbia. — Bas relief. —
La Vierge assise tenant son divin Fils assis sur ses genoux.
Les figures sont émaillées blanc et le fond est bleu. Haut.,
40 cent.; larg., 44 cent.

27 — Buis. — Buste très-finement sculpté de Jean Bellin.
Ouvrage de l'époque. Il est monté sur un socle en bois
noir, dans lequel se trouve une médaille de bronze portant à l'exergue : GIOVANNI BELLINI. PITTORE VENEZIA.
Haut. totale, 30 cent.

28 — Bois. — Ronde-bosse. — Groupe représentant la Bien-
faisance, composé d'une figure de femme assise, entourée
par quatre figurines d'enfants. Cette pièce a conservé des
traces de dorure. Travail de la fin du XVIᵉ siècle. Haut.,
32 cent.

29 — Calcaire compacte. — Bas-relief de forme cintrée, exé-
cuté par M. de Triqueti, 1846. Hommages rendus à
Homère. Le Dante, entouré par les Muses, est agenouillé
aux pieds du poëte. Au bas, se trouve l'inscription : ONO-
RATE L'ALTISSIMO POETA. Haut., 32 cent.; larg., 27 cent.

30 — Albâtre. — Bas-relief. — Personnage en riche costume
du XVIᵉ siècle, monté sur un cheval dont la tête et la
queue sont ornées de panaches. Dans l'angle gauche supé-
rieur est un écusson armorié. Dans le bas, se trouve un
cartouche portant une inscription allemande, ainsi que la
date de 1591. Haut., 42 cent. ; larg., 27 cent.

31 — Albâtre. — Haut-relief. — Le Calvaire, composition de quantité de figures. Au-dessus du sujet et dans le fronton, du cadre en bois sculpté, se trouve le buste du Père éternel entouré d'anges. XVI⁰ siècle. Haut., 44 cent.; larg., 37 cent.

32 — Albâtre. — Bas-relief. — Médaillon de forme octogone, présentant le buste de l'empereur Ferdinaud d'Autriche, profil à droite. Il porte le collier de la Toison d'or et le millésime de 1533. Diam., 19 cent.

33 — Albâtre. — Haut-relief. — Adam et Ève. XVI⁰ siècle. Haut., 16 cent.; larg. 11 cent.

34 — Albâtre. — Petit buste de Henri IV, tête laurée. Haut., 27 cent.

35 — Marbre blanc. — Médaillon rond présentant en bas-relief un buste d'homme, tourné à gauche. Diam., 15 cent.

36 — Ivoire. — Buste de Louis XIII, tourné à droite et sculpté en haut relief. Haut., 9 cent.

37 — Ivoire. — Médaillon rond. MARIA II, D. G. MAG. BRIT. FR. ET HIB. REGINA. Buste en bas-relief, profil à droite. Diam., 9 cent.

Bronzes

38 — Magnifique haut-relief en bronze par Andrea Riccio. — La Mise au tombeau. Un nombre considérable de dis-

ciples et de saintes femmes accompagnent le corps de Notre-Seigneur, que Joseph d'Arimathie précède en portant un vase sur lequel est écrit à rebours le nom : AN-DREA. XVᵉ siècle. Haut., 50 cent.; larg., 74 cent.

39 — Bas-relief en bronze, dans le style d'Andrea Riccio. — La Mise au tombeau. Sur la pierre on lit l'inscription suivante : QUEM. TOTUS. NON. CAP. ORBS. IN HAC TUMBA. CLAUDIT. XVᵉ siècle. Haut., 11 cent.; larg., 16 cent.

165
Du Boys

40 — Bas-relief en bronze dans le style de Donatello. — Jésus-Christ pleuré par les saintes femmes. A droite, un apôtre tient les clous; à gauche, un autre porte la couronne. XVᵉ siècle. Haut., 12 cent.; larg., 20 cent.

155
Arondel

41 — Léon-Baptiste Alberti. — Beau médaillon ovale en bronze. — Il présente en bas-relief un portrait d'homme, vu de profil et regardant à gauche. Cette pièce est signée L. BAP. et porte comme monogramme un œil ailé.

La belle médaille de L. B. Alberti, par Sperandeo, a pour revers ce même œil ailé.

Ouvrage italien du XVᵉ siècle. Haut., 20 cent.; larg., 13 cent.

520

Timbal
G. Dreyfus

42 — Petit bas-relief carré en bronze. — Martyre de saint Sébastien. Cette plaque rappelle beaucoup le tableau de Pollaiuolo qui est conservé à la National Gallery. Ouvrage italien du XVᵉ siècle. Haut., 73 mill.; larg., 65 mill.

305
Timbal

43 — Statuette. — Hercule portant la peau du lion sur le **bras** gauche et dans l'attitude de tirer de l'arc. Bronze italien du xvi° siècle d'après l'antique. Haut., 35 cent.

44 — Statuette. — Gladiateur. Bronze italien du xv° siècle d'après l'antique. Haut., 42 cent.

45 — Autruche debout. — Beau bronze italien du xvi° siècle. Haut., 31 cent.

46 — Charmant petit groupe en bronze. — Amour monté sur un dauphin, les yeux bandés et tirant de l'arc. Ouvrage italien du xvi siècle. Haut., 15 cent.

47 — Encrier formé par une figure de triton tenant une coquille et monté sur un dauphin. Ce groupe repose sur une base hexagone à griffes de lion. Bronze italien du xvi° siècle. Haut., 18 cent.

48 — Haut-relief de forme ovale en bronze. — Buste d'homme barbu et nu-tête tourné à droite. Il porte un costume brodé. Ouvrage italien du xvi° siècle. Haut., 21 cent.; larg., 16 cent.

49 — Bas-relief rond. — La Mise au tombeau. Ouvrage italien de la fin du xv° siècle. Diam., 19 cent.

50 — Bas-relief de forme carré long, représentant un sacrifice au dieu Pan. Composition de quantité de figures. xvi° siècle. Larg., 50 cent.; haut., 21 cent.

36 — 51 — Bas-relief rond. — L'arche de Noë. Cadre en bronze doré. XVIᵉ siècle. Diam., 20 cent.

30
Leroux

200 — 52 — Bas-relief en bronze doré représentant le Christ mort descendu de la croix. Composition de quantité de personnages. Travail de la fin du XVIᵉ siècle. Haut.. 41 cent.; larg., 28 cent.

200
Du Sommerard

53 — Bas-relief doré. — Pieta. Travail italien, XVIᵉ siècle. Haut., 17 cent.; larg., 12 cent.

20
Aug. Dalligny

54 — Bas-relief doré. — Médaillon rond représentant un paysage avec figures. Dans le bas se trouve un cartouche. XVIᵉ siècle. Diam. 13 cent.

21
Armand

55 — Bas-relief en bronze. — La Vierge et l'Enfant Jésus. Dans un cadre en bois sculpté et doré du temps de Louis XIV. Haut., 25 cent.; larg., 19 cent.

20
Armand

56 — Bas-relief carré. — Le Jugement de Paris. Ouvrage italien de la fin du XVᵉ siècle. Haut., 13 cent.; larg., 12 cent.

45
Timbal

57 — Bas-relief rond représentant une bacchanale. Italie. XVIᵉ siècle. Diam., 13 cent.

20
Leroux

58 — Bas-relief rond. Satyres et bacchantes assistant à un festin au milieu d'un parc. Italie. XVIᵉ siècle. Diam., 16 cent.

55
Armand

s.n. Tête de Christ

29
Timbal

59 — Petite plaque carrée, représentant en bas relief un sacrifice. Ouvrage italien du xvi° siècle. Larg., 10 cent.;
haut., 7 cent.

60 — Petite plaque carrée, présentant un sujet analogue.
Larg., 9 cen..; haut., 7 cent.

61 — Buste d'homme barbu en haut relief. Ouvrage italien
du xv° siècle. Diam., 8 cent.

62 — Crabe en bronze. Ouvrage italien.

63 — Médaillon rond en métal de cloche d'après Donatello.
— Satyre et bacchante vus à mi-corps. Au bas, dans un
cartouche on lit : Natura, fovet quum necessitas urget.
Diam., 17 cent.

64 — Bas-relief carré en bronze. — La Flagellation. xvii° siècle.

65 — Bas-relief de forme carré long. — Centaure et satyres
enlevant une nymphe. Bronze italien du xv° siècle.

66 — Petit buste de Minerve en bronze. Ouvrage du xvi° siècle d'après l'antique. Haut., 75 mill.

67 — Deux bustes d'évêques en haut relief. Bronze italien
du xvi° siècle. Haut., 8 cent.; larg., 6 cent.

68 — Figurine de faune en bronze doré.

69 — Trois statuettes en bronze ; deux amours et un mime d'après l'antique.

70 — Bas-relief rond en bronze. Triomphe d'Amphitrite. Diam., 14 cent.

71 — Médaillon ovale en hauteur. La Charité, groupe de huit figures en bas relief.

72 — Bas-relief en bronze. — Judith mettant la tête d'Holopherne dans un sac.

Émaux

73 — Plaque carrée en cuivre champlevé et émaillé en couleurs sur fond doré. — Elle présente le sujet de la Crèche. Sur le premier plan, la Vierge est couchée sur un lit de parade. A droite, dans le haut, se trouve la figure de saint Joseph assis. Ouvrage du XII° siècle. Larg., 11 cent.

74 — Deux beaux médaillons ovales en hauteur et concaves, peints en émaux de couleurs et sur paillons, par Léonard Limousin (LL 1573). — Portraits en pied de Charles IX, roi de France, et d'Élisabeth d'Autriche, en riches costumes de l'époque. Haut., 26 cent.; larg., 18 cent.

75 — Plaque de forme carré-long en hauteur. — Peinture en grisaille sur fond noir rehaussée d'or; chairs teintées. Éducation de l'Enfant Jésus par sainte Anne et saint Joseph. Haut., 23 cent.; larg., 16 cent.

76 — Tableau de forme carré long en hauteur. — Sybille exécutée au repoussé et décorée en émaux de couleurs sur fond de paysage. Ouvrage de Léonard Limousin, XVIe siècle. Haut., 35 cent.; larg., 20 cent.

77 — Médaillon rond. — Portrait du roi Henri IV, profil à gauche. Peinture en émaux de couleurs.

Objets variés

78 — Jolie miniature ronde sur vélin. — Portrait d'homme en costume et toque rouge portant les insignes de l'ordre de la Toison d'Or. XVIe siècle.

79 — Miniature de forme carré long en hauteur, sur vélin. — Portrait en pied d'une jeune fille en riche costume Louis XIII. Au revers se trouve l'indication suivante : Charlotte Marguerite de Montmorency, princesse de Condé, sœur de Henri II duc de Montmorency, etc.

80 — Trois médaillons; portraits de femmes finement peint à l'huile, sur cuivre et sur toile.

81 — Garniture supérieure d'un fourreau de sabre, en fer ciselé à mascarons, figurines, cariatides et trophées d'armes en relief et enrichis de filets damasquinés en or, XVIe siècle.

82 — Longue pince en fer, à ornements gravés sur fond doré. XVIe siècle.

83 — Petite dague à pommeau et garde en acier damasquiné d'argent et lame striée et repercée à jour. XVIᵉ siècle.

84 — Six médaillons ovales en hauteur, en étain, présentant en bas-relief des figures allégoriques avec inscriptions. XVIᵉ siècle.

85 — Bas-relief en étain. — Henri IV monté sur un cheval au galop.

86 — Autre bas-relief en étain. Jésus et les apôtres.

87 — Médaillon rond en étain présentant en bas-relief une bacchanale d'enfants dans le style de François Flamand. XVIIᵉ siècle. Diam., 19 cent.

88 — Bas-relief en plomb, couleur bronze, représentant un sujet de personnages et cavaliers. Haut., 52 cent.; larg., 36 cent.

89 — Triptyque en bronze doré. — Il offre sur la plaque centrale la figure de Dieu le Père et sur les volets des figures d'Évangélistes. Travail moderne dans le style du XIIIᵉ siècle. Haut., 30 cent.; larg., 35 cent.

ANTIQUITÉS

Sculptures antiques en marbre

90 — Stèle funéraire, avec fronton triangulaire : homme
barbu, assis à gauche, posant la main droite sur l'épaule
d'un jeune homme, debout, qui donne une grappe de rai-
sin à un chien, devant une amphore cannelée; de l'autre
côté un jeune homme nu.

91 — Tête laurée d'un homme jeune, barbe naissante; pro-
bablement Adrien. Grandeur naturelle.

92 — Tête de femme.

93 — Corps de femme. Fragment.

94 — Aigle, les ailes éployées, la tête et une épaule refaites.

95 — Tête d'Aristide.

96 — Tête de Minerve casquée.

97 — Tête de Bacchus indien.

98 — Tête de faune couronnée de pampres, jaune antique.

99 — Tête de Bacchus.

100 — Tête de Jupiter indien en jaune antique, les yeux en marbre noir.

101 — Buste de Jupiter-Sérapis.

102 — Tête de Jupiter indien.

103 — Tête de Vénus, marbre pentélique, socle en bleu turquin.

104 — Tête grecque, cheveux tressés, natte autour de la tête (applique).

105 — Tête de panthère, le col entouré de lierre.

106 — Tête d'Hercule, le masque seulement.

107 — Tête de Bacchus jeune.

108 — Tête d'Apollon. — Tête de Diane diadémée.

Ces deux têtes étaient accolées.

109 — Stèle. Athlète se préparant au combat.

Ce monument vient de l'île de Délos.

110 — Lion sur une frise.

111 — Guerrier couché et partie d'un centaure. Fragment.

112 — Buste de femme couronnée de pampres.

113 — Vase funéraire, sculpture en relief; instruments de sacrifice.

114 — Diane chasseresse, jusqu'aux genoux. Manquent les bras, la tête est refaite.

. 115 — Urne cinéraire; enfant conduisant un char; il tient une couronne de la main droite; trois autres enfants portant des palmes; aux coins, mascarons.

Vases grecs en terre peinte

116 — Œnochoé. Deux en terre noire. 21 cent.

117 — Cratère. Femme tenant un long bâton, versant à boire à Bacchus, qui tient un cep de vigne. ℞ Femme debout tenant un bâton. 26 cent.

118 — Balsamère. Femme ailée, à ses pieds un vase. 16 cent.

119 — Œnochoé. Femme versant à boire à Bacchus, qui tient un sceptre et le canthare. 31 cent.

120 — Balsamère. Tête de femme; peinture blanche sur fond noir. 15 cent.

121 — Amphore. Deux cavaliers debout aux pieds de leurs chevaux. ℞ Un satyre et une bacchante. 19 cent.

122 — Deux balsamères cannelés, peinture noire, ornements en jaune. L'un 15 cent., l'autre 16.

123 — Urne à une anse. Deux monstres marins ailés se disputant un vase. 25 cent.

124 — Calpis. Femme ailée, entre deux jeunes gens, tenant chacun une lyre. Peinture rouge sur fond noir. 34 cent.

125 — Amphore à roues, quatre mascarons. Femme ailée, tenant deux torches allumées au-dessus d'un autel allumé. ℞ Homme debout appuyé sur un bâton. Peinture jaune sur fond noir. 33 cent.

126 — Amphore. Un Bacchus et une bacchante; le Bacchus tient le canthare. ℞ Jeune homme drapé, debout. Peinture rouge sur fond noir. 33 cent.

127 — Amphore à roues, quatre mascarons à tête de Méduse.
Femme tenant un miroir, assise sur un chapiteau de
colonne, dans un temple distyle; à côté, un jeune
homme et une femme tenant un miroir. ℞ Deux personnages tenant un miroir auprès d'un cippe. 55 cent.

128 — Calpis. Trois personnages, dans un quadrige, sont
précédés par un guerrier casqué tenant deux lances et un
bouclier; en dessous, deux sangliers et une panthère;
sur la frise, deux chèvres conduites par un guerrier qui
est précédé par Minerve et suivi par Jupiter, Junon,
Mercure. 47 cent.

129 — Calpis. Figure dans un char; au-dessus, une colombe
volant; autour des chevaux, quatre personnages occupés
à les brider; dessous, un chien. Sur la frise: Hercule étouffant Géryon, assisté de deux femmes debout et d'un
homme assis. 47 cent.

130 — Amphore à anse tordue. Guerrier nu, casqué, avec un
bouclier, tenant une patère; une femme, tenant un vase,
verse un liquide dans cette patère. Un homme barbu appuyé sur un bâton. 45 cent.

131 — Amphore à roues. Quatre têtes de Méduse en relief
sur les anses. Jeune homme nu, assis dans un temple
distyle, tenant un flambeau allumé. ℞ Femme tenant un
miroir et une ciste. Sur le col du vase, une tête de
femme. 47 cent.

132 — Amphore à anses torses. Guerrier debout, tenant son
bouclier et son casque, entre Bacchus, une femme et un
homme chauve. R` Bacchant debout entre un jeune
homme et une femme. Peinture rouge sur fond noir.
55 cent.

133 — Lecythus athénien. Au milieu, colonne funéraire; à
droite, jeune fille vêtue d'une tunique talaire et d'un peplus; de sa main droite elle dépose une offrande sur le
monument funèbre; sur sa gauche, le plat chargé d'offrandes; de l'autre côté, jeune homme coiffé du pileus, et
vêtu d'une tunique courte et d'un petit manteau; deux
javelots reposent contre son épaule gauche, et de ses deux
mains il touche.le monument funèbre. 25 cent.

134 — Lecythus athénien, à fond blanc. Au milieu, une colonne funéraire; à droite, un jeune homme vêtu d'une
tunique courte et d'un manteau, la main gauche appuyée
sur un javelot; à gauche, jeune fille vêtue d'une tunique
talaire et d'un peplus rouge, qui de ses deux mains porte
un plat chargé d'offrandes. 33 cent.

135 — Fragment d'une coupe. Tête de femme sortant d'un
feuillage terminé par des guirlandes de feuilles et de fleurs,
parmi lesquelles deux petits éros en relief; traces de dorure et de peinture polychrôme.

136 — Deux fragments de coupes à relief, semblables à la
précédente.

137 — Vase funéraire. Au milieu de la panse, tête de Méduse

ailée, surmontée d'un enfant; sur la panse, deux têtes
ailées de femme, peintes en rouge et en bleu; le vase est
surmonté de deux femmes assises et une debout. Hau'eur
totale, 48 cent.

138 — Vase funéraire. Au milieu de la panse, tête de Méduse; sur les anses, deux femmes ailées; sur le bord du
goulot, femme nue, assise, dont les pieds pendent à l'intérieur. Haut. totale, 50 cent.

139 — Coupe. A l'intérieur, Mars et Vénus; à l'extérieur,
d'un côté, un cavalier entre une femme et trois jeunes
gens; de l'autre côté, jeune homme tenant une phiale et
une œnochoé entre quatre hommes, dont l'un est assis et
l'autre tient un cheval par la bride; figures rouges. 36 cent.

140 — Coupe. Intérieur : jeune homme tenant un bâton de la
main droite et un scyphus de la gauche; inscription,
ΚΑΛΟΣ ΑΘΕΝΟΔΟΤΟϟ. Extérieur : de chaque côté, trois
jeunes gens qui dansent et boivent; répétition de la même
inscription. Fig. roug. 22 cent.

141 — Coupe. Intérieur : tête de Méduse; extérieur : de chaque côté, Bacchus barbu, entre deux grands yeux et
deux ménades. Fig. noires. 31 cent.

142 — Hydrie. Sur la panse cannelée, deux hommes et deux
femmes en relief. Sur le col, guirlande de lierre, rouge et
blanche. 43 cent.

143 — Coupe. A l'intérieur, satyre debout, tenant une lyre
de la main droite et un canthare de la main gauche. A
l'extérieur, jeune homme debout tenant une lyre, entre
deux hommes barbus debout; de l'autre côté, le même
jeune homme entre deux hommes assis. Figures rouges.
13 cent.

144 — Coupe. Intérieur : femme jouant des crotales; inscription, KAΛOϟ. A l'extérieur, de chaque côté, combat de
quatre guerriers. Fig. roug. 33 cent.

145 — Coupe. A l'intérieur, jeune homme debout, tenant
une lyre; à côté, une colonne. A l'extérieur, de chaque
côté, trois hommes couchés. Fig. roug. 22 cent.

146 — Coupe. Intérieur : tête de Méduse; extérieur : femme
jouant de la double flûte entre deux grands yeux; à l'extrémité, satyre et ménade; de l'autre côté, une femme
jouant des crotales entre deux grands yeux ; à l'extrémité,
satyre et ménade. Fig. roug.; à l'extérieur, fig. noires.
27 cent.

147 — Coupe. Femme jouant des crotales; inscription, KA-
ΛOϟ. A l'extérieur, guerrier courant, suivi d'un quadrige
dans lequel monte un autre guerrier; de l'autre côté, un
jeune homme à cheval, un guerrier à pied, suivi d'un
jeune homme conduisant un cheval. Fig. roug. 32 cent.

148 — Coupe. Intérieur : un homme debout et une femme
assise sur un siége; extérieur : neuf personnages dans des

positions diverses; sur l'une des anses est l'inscription
HIERON EΠOEΛEN. Fig. roug. 32 cent.

149 — Amphore à anses torses. Médée tuant ses enfants.
R' Combat d'un jeune Grec contre une amazone. Fig. roug.
52 cent.

Rhytons et Vases de forme singulière

150 — Tête de satyre barbu, à grandes oreilles, peinte en noir;
sur le vase, un homme drapé pose le pied droit sur un
rocher; devant lui une plante. 15 cent.

151 — Double tête de Silène et de bacchante; sur la panse,
deux chouettes, chacune entre une branche d'olivier.
21 cent.

152 — Tête de Silène barbue. Sur le vase, femme assise. 19
cent.

153 — Tête de bélier sur piédouche; sur la panse, un génie. 20 cent.

154 — Une corne cannelée, avec une tête de serpent; percée.
23 cent.

155 — Corne cannelée dans la longueur. Tête de bélier; sur
le vase, un génie assis. 23 cent.

156 — Vieux Silène assis, jouant de la flûte de Pan. 12 cent.

157 — Silène couché sur une outre, tenant de la main gauche un vase. 21 cent.

158 — Silène demi-couché, tenant un vase et un canthare. 16 cent.

159 — Deux têtes de femmes de face ; sur le vase, deux têtes de femmes peintes en jaune sur fond brun. 23 cent.

160 — Tête de satyre barbu ; le col du vase, forme de trèfle, bordé d'un ornement d'oves. 22 cent.

161 — Tête de femme ; sur la panse, génie assis.

162 — Buste de femme voilée ; le voile descend du sommet de la tête. 18 cent.

163 — Tête masquée ; vase forme de trèfle. 17 cent.

164 — Tête de mulet bridé ; sur la panse, femme assise. 21 cent.

165 — Tête de biche ; sur la panse, génie ailé volant, portant une couronne. 21 cent.

166 — Tête de sanglier ; sur la panse, héros près d'un cippe (peut-être Oreste). 20 cent.

167 — Tête de cerf; sur la panse, jeune bacchant. 19 cent.

168 — Tête d'aigle. 10 cent.

169 — Petite tête de nègre. 8 cent.

170 — Tête de femme, peinture blanche, boucles d'oreilles.
6 cent.

171 — Tête de griffon ; sur la panse, femme assise. 20 cent.

172 — Tête de chien ou de loup ; sur la panse, génie assis.
14 cent.

173 — Tête de veau ; sur la panse, un jeune bacchant. 17 cent.

174 — Tête de chien ; sur la panse, femme sacrifiant près d'un
autel. 15 cent.

175 — Tête de bélier; sur la panse, un faune et une bacchante. 24 cent.

176 — Partie antérieure d'un cheval ; sur la panse, une tête
virile. 20 cent.

177 —·Tête de veau ; sur la panse, Hercule, sa massue sur
l'épaule. 17 cent.

178 — Tête de sanglier. 10 cent.

179 — Tête de veau ; sur la panse, une tête d'homme en relief. 17 cent.

180 — Tête de tigre ; sur la panse, une fleur, peinture blanche.
13 cent.

181 — Tête de bélier peinte, la tête en rose, les cornes en
blanc, les oreilles en noir. Sur le vase, Méléagre combattant le sanglier ; derrière, un second chasseur. 14 cent.

182 — Tête de veau ; sur la panse, bacchante. **22** cent.

183 — Tête de chien ou de renard. **5** cent.

184 — Tête d'agneau ; sur la panse du vase, bacchante assise.
18 cent.

185 — Tête de porc ; sur la panse, tête de femme. **17** cent.

186 — Figure de femme s'élevant de la base ; sur la tête, une
lampe. **22** cent.

187 — Génie d'Hercule couvert d'une peau de lion, sur une
base circulaire. 16 cent.

188 — Génie debout sur une base ; il porte sur la tête une
lampe. 16 cent.

189 — Génie portant une lampe, sur une base carrée ; tête en
relief sur la base. 17 cent.

190 — Génie ailé sur une base et portant une lampe. 20 cent.

191 — Tête masquée. 11 cent.

192 — Tête masquée ; vase forme de trèfle. 15 cent.

193 — Vieux Silène buvant d'une outre qu'il presse entre ses jambes. 9 cent.

194 — Tête masquée. 8 cent.

195 — Une main de jeune homme tenant un petit vase. 10 cent.

196 — Tête de femme, d'un beau style grec ; vase en forme de trèfle.

197 — Tête masquée, les cheveux peints en rouge. 13 cent.

198 — Tête de femme. 14 cent.

199 — Tête de femme. 15 cent.

200 — Tête de femme ornée d'une guirlande. 15 cent. 1/2.

201 — Tête de femme, bandeau sur le front. 19 cent.

202 — Tête de femme, sans ornement. 15 cent. 1/2.

203 — Tête de femme, bandeau sur le front. 17 cent.

204 — Tête de femme, bandeau sur le front. 15 cent.

205 — Tête de femme, sans bandeau. 10 cent.

206 — Jeune homme assis, tenant un lièvre dans ses bras. 21 cent.

207 — Tête de femme, peinture blanche. 25 cent.

208 — Tête de guerrier, coiffée du casque grec. 5 cent. 1/2.

209 — Tête de veau, posée sur un piédouche. 13 cent.

210 — Enfant sur un cochon. 12 cent.

211 — Tête de femme, trois fleurs dans les cheveux. 9 cent.

212 — Enfant assis, tenant un serpent de la main droite. 13 cent.

213 — Tête de femme. 13 cent.

214 — Tête de femme, avec boucles d'oreilles et guirlande dans les cheveux. 14 cent.

215 — Buste de femme, les cheveux relevés. 17 cent.

216 — Tête de femme. 16 cent.

217 — Tête de femme, ornée de fruits et de feuilles. 16 cent.

218 — Tête de femme, ornée de fruits et de feuilles. 18 cent.

219 — Hermès à deux têtes de femme, les cheveux peints en rouge. 14 cent. 1/2.

220 — Tête de femme, un collier autour du cou. 15 cent.

221 — Bacchus enfant, assis sous une treille, tient un vase de la main droite, de la gauche une corne d'abondance.

222 — Chèvre couchée. 9 cent.

223 — Bélier couché. 12 cent.

224 — Vase forme d'amande, à deux anses. 15 cent.

225 — Pied chaussé de sandale, peinture noire ; 11 cent.

226 — Pied humain, chaussé d'une sandale, reste de peinture bleue. 13 cent.

227 — Un lapin, les yeux en pâte de verre. 12 cent.

228 — Une colombe. 9 cent. 1/2.

229 — Une tortue. 11 cent.

230 — Casque de gladiateur, surmonté d'une tête d'aigle, lampe en terre cuite. 8 cent.

231 — Tète de bélier. 8 cent.

232 — Tète de cygne. 8 cent.

233 — Tète de serpent. 10 cent.

234 — Tète de biche. 9 cent.

235 — Jambe votive, brodequin peint en rouge. **20 cent.**

236 — Jambe votive, un serpent au-dessus du brodequin. 14 cent.

237 — Dauphin sur les flots. 18 cent.

238 — Grenouille. 11 cent.

239 — Tortue. 15 cent.

240 — Vase noir, jeune homme qu'une main tire par les cheveux. 4 cent. 1/2.

241 — Vase noir. Tête face barbue en relief. 5 cent.

242 — Forme de barque, guerrier en bas relief. 13 cent.

243 — Patte de crabe. 13 cent.

244 — Coquillage. 13 cent.

245 — Jeune homme et un chien. 8 cent.

246 — Tête de bélier, le front peint en rouge; sur la panse, couronne de lierre. 23 cent.

247 — Tête de génisse; sur la panse, quatre femmes dont une ailée. 15 cent.

248 — Tête de bélier, terre cuite. 21 cent.

249 — Tête de sanglier; sur la panse, hermaphrodite. 18 cent.

250 — Tête de griffon; sur la panse, tête de femme. 17 cent.

251 — Tête de jeune homme, peinture rose. 29 cent.

252 — Tête de bœuf; sur la panse, femme assise. 19 cent.

253 — Tête de mulet, terre cuite. 23 cent.

254 — Tête de génisse, terre cuite. 18 cent.

255 — Enfant assis, tenant une oie sur son dos. 16 cent

256 — Jeune homme nu assis, tenant une biche. 10 cent.

257 — Chien portant une cloche à son cou. 8 cent.

258 — Tête de femme supportant un vase. 13 cent.

259 — Lapin, peinture jaune et noire. 15 cent.

260 — Canard, une couronne de lierre au cou. 22 cent.

261 — Tête de satyre. Guttus. 12 cent.

262 — Tête de femme avec deux grandes ailes. 19 cent.

263 — Nègre accroupi, les bras croisés, une bulle au cou. 21 cent.

264 — Guttus. Tête de vieillard de face. 10 cent.

265 — Guttus. Femme immolant un taureau. 8 cent.

266 — Guttus. Chien couché, haut relief. 8 cent.

267 — Tête de nègre. Lampe noire. 15 cent.

Bronzes antiques

268 — Buste de faune. Poids. 9 cent.

269 — Apollon, son carquois derrière le dos, tenant une patère. 9 cent.

270 — Mercure assis, tenant la bourse ; les pieds manquent. 14 cent.

271 — Coupe fragmentée, avec mascarons. 12 cent.

272 — Mars nu, coiffé d'un casque.

273 — Bras ployé, la main ouverte; incrustation d'argent. 12 cent.

274 — Apollon debout, une grenade dans la main gauche, coiffé du pschent (égyptien). 25 cent.

275 — Tête de Jupiter. Applique. 17 cent.

276 — Coq. Applique. 5 cent.

277 — Vénus anadyomène, drapée jusqu'à la ceinture, tient ses cheveux dans la main droite, un miroir dans la main gauche. 13 cent.

278 — Bouc regardant à gauche. Manque la jambe gauche de derrière. 4 cent.

279 — Buste d'Hyménée ailé. Plaque ronde avec bélière, incrustée dans un socle en marbre jaune. 12 cent.

280 — Pied de ciste. Sphynx assis. 20 cent.

281 — Miroir. Lutte d'Atalante et de Pelée. 13 cent 1/2.

Gravure refaite ainsi que les inscriptions.

282 — Petit vase plaqué d'argent. Première frise : Combat de gladiateurs; deuxième frise : Combat d'animaux féroces.

283 — Apollon, tête radiée, debout. 35 cent.

284 — Poids de romaine. Buste de jeune homme, les yeux incrustés d'argent; bande d'argent passant sur l'épaule droite. 7 cent.

285 — Minerve debout, casquée; tête de Méduse sur la poitrine. 20 cent. 1/2.

286 — Danseuse drapée, coiffée d'un casque, les bras élevés. 11 cent.

287 — Lampe. 13 cent.

288 — Miroir étrusque. Bacchus, Ariadne et Éros. 16 cent.

289 — Hercule jeune couronné, un vase dans la main droite.
13 cent.

290 — Amour sur un dauphin. Applique. 8 cent.

291 — Lampe. Corbeau, collier au cou. 7 cent.

292 — Petite lampe à deux becs. 14 cent.

293 — Anse de vase, deux chevaux et tête de lion, style
étrusque. 17 cent.

294 — Anse de vase. Tête de face, tête de profil et attributs
divers. 19 cent.

295 — Minerve assise, casque surmonté d'un griffon; elle
tient une patère de la main droite. 10 cent.

296 — Petit cheval, la jambe droite levée sur un socle carré
(ancien style). 6 cent. 1/2.

297 — Lièvre appuyé sur les pattes de devant. 4 cent.

298 — Mars nu, grand casque sur la tête, la main droite levée
sans patine. 18 cent.

299 — Miroir étrusque. Apollon assis, tenant sa lyre sur ses
genoux ; Minerve derrière lui, avec son bouclier et l'égide ;
au-dessus, la chouette. 15 cent. 1/2.

300 — Taureau; manquent les jambes. 6 cent. 1/2.

301 — Taureau couché, formant l'extrémité d'un manche. 8 cent.

302 — Petite tête de sanglier, bouton de ceinture.

303 — Petit lion couché. 3 cent.

304 — Coq. 3 cent.

305 — Petite panthère debout. 3 cent.

306 — Cheval au galop (fibule). 6 cent.

307 — Tête de panthère, la gueule ouverte. 5 cent.

308 — Tête de sanglier. 5 cent.

309 — Avant-corps d'un bélier, terminé par une corne d'abondance.

310 — Chat debout.

311 — Tête de bouc. Rhyton. 3 cent.

312 — Rat mangeant un gâteau. 4 cent.

313 — Sphinx assis manque une aile ; 8 cent. 1/2.

314 — Enseigne militaire. Sanglier; manque le bas des pattes.
15 cent.

315 — Bélier; deux jambes sont refaites. 20 cent.

316 — Épervier (égyptien). 17 cent.

317 — Un chat (égyptien). 17 cent.

318 — Éphèbe nu, debout, un anneau sur la tête. 13 cent.

319 — Fortune assise, tenant un gouvernail, la fleur du lotus
sur la tête. 14 cent.

320 — Génie ailé assis, collier autour du cou. 8 cent

321 — Tête de fleuve. Applique. 2 cent.

322 — Tête de femme. Demi-ronde bosse.

323 — Tête de femme, ancien style. Agrafe. 3 cent.

324 — Masque scénique couronné de fleurs. 5 cent. 1/2.

325 — Tête d'Hercule, coiffée de la peau du lion, les yeux en
argent.

326 — Tête de Méduse. Applique. La patine est moderne.

327 — Poids de romaine. Tête de nègre. Vase. 5 cent. 1/2.

328 — Buste de Silène. 6 cent.

329 — Poids de romaine. Tête casquée, un anneau sur la tête. 8 cent.

330 — Buste de Minerve casquée, posé sur des fruits. 10 cent.

331 — Anse de vase. Homme courbé en arrière. 7 cent. et demi.

332 — Bas-relief, applique. Deux bœufs. 8 cent.

333 — Couvercle de miroir étrusque en relief. Oreste poursuivi par les furies. 12 cent.

334 — Miroir gravé. Thétis sur un cheval marin. 11 cent. et demi.

335 — Candélabre. Femme les bras élevés sur la tête, le corps terminé par deux queues de poisson. 31 cent.

336 — Candélabre. Tige cannelée en spirale ; belette poursuivant un coq. 45 cent.

337 — Éros portant une draperie sur le bras. 6 cent.

338 — Amour sur un dauphin. 7 cent.

339 — Amour sur un dauphin. 3 cent.

340 — Petit faune assis, le bras droit en l'air, une outre sur l'épaule gauche. 5 cent. et demi.

341 — Petit camille debout, rhyton dans la main gauche. 6 cent.

342 — Guerrier casqué, un glaive sous le bras gauche. 8 cent.

343 — Sauteur se tenant sur les mains, les jambes en l'air. 9 cent.

344 — Victoire ailée ; manque une aile. 9 cent.

345 — Vénus diadèmée, tenant sa chevelure de la main gauche. 11 cent.

346 — Vénus nue, sans bras. 12 cent.

347 — Les trois Grâces, groupe. 8 cent.

348 — Télesphore. 7 cent. et demi.

349 — Diane sans attributs. 8 cent. et demi.

350 — Femme assise, la figure et le siège sont d'une seule partie. 9 cent.

351 — Mercure, le caducée dans la main gauche. 8 cent.

352 — Camille, un rhyton à la main. 12 cent.

353 — Socrate buvant la ciguë. Applique. 13 cent.

354 — Phtha, bronze égyptien. 27 cent.

355 — Minerve casquée, debout, le bras droit élevé. 20 cent.

356 — Fragment de femme drapée.

357 — Vénus nue, debout. 12 cent.

358 — Jeune homme debout, vêtu d'une double tunique, couvert du manteau, bandeau sur la tête, le bras droit en avant. 15 cent. et demi.

359 — Femme drapée, diadémée, debout, le bras droit en avant. 11 cent. 1/2.

360 — Diane courant; elle porte la main droite à son carquois. 12 cent.

361 — Hercule debout; la massue au-dessus de l'épaule droite; style étrusque. 17 cent.

362 — Vénus nue, debout, descendant au bain; deux petits génies ailés la précèdent. Trouvé en Syrie. **24** cent.

363 — Hercule debout, le bras en avant, la massue dans la main gauche, la peau de lion sur l'épaule. **22** cent.

364 — Torse sans bras ni jambes, trouvé en Dalmatie. Bacchus jeune, couronné de pampres, lierre sur le front, bandeau incrusté d'argent. **59** cent.

365 — Jupiter-Sérapis assis, couvert du pallium, la main gauche levée. Travail alexandrin. **12** cent.

366 — Anse de vase terminée par une tête de face. **13** cent.

367 — Mercure debout, les ailes aux pieds. Manque un bras. **13** cent.

368 — Vénus à demi drapée, tenant sa chevelure avec la main droite. **18** cent.

Terres cuites antiques

369 — Femme âgée, peut-être Hécube, assise, un peplus sur les épaules, le bras droit nu, en avant, sur son genou. **14** cent. 1/2.

370 — Apollon, tenant la lyre dans le bras gauche, le corps

nu par devant, un manteau sur les épaules. (De fouilles
faites en Syrie, par M. Peretié.) 26 cent.

371 — Femme debout, drapée et serrée dans son peplus, la
tête penchée en avant. 21 cent.

372 — Femme drapée, peut-être Ariadne, assise sur des rochers, la tête inclinée à droite. 25 cent. 1/2.

373 — Femme drapée, couronnée de fleurs, portant un petit
alabastron. 36 cent.

374 — Enfant dans l'action de sauter; ce pourrait être un
joueur de ballon. 43 cent.

375 — Venus nue, debout, les jambes croisées. 33 cent.

376 — Vase, forme de gourde, orné d'une tête de Méduse.
13 cent.

377 — Éros ou génie dans l'action de voler. Sur la tête, une
couronne de fleurs dont les bouts retombent sur les épaules;
un collier se croise sur sa poitrine; bottines peintes en
noir. 30 cent.

378 — Junon ou Vénus, diadémée, vêtue d'une double tunique, se penchant vers la droite, le bras droit levé.
37 cent.

379 — Bustes de Psyché et l'Amour s'embrassant. 23 cent.

380 — Femme assise, les bras sous son peplus; style archaïque. 11 cent. 1/2.

381 — Diane chasseresse, debout, vêtue d'une tunique courte et chaussée de bottines, portant la main droite à son carquois. 24 cent.

382 — Femme assise, allaitant un enfant; peut-être Junon et le petit Mars. 22 cent. 1/2.

383 — Bacchante debout, la tête un peu penchée en avant. Elle est ceinte, par-dessus sa tunique talaire, d'une peau de panthère dont les pattes pendent par devant. 23 cent.

384 — Acteur debout, relevant son manteau de la main droite près du col, la main gauche sur la hanche. 11 cent. 1/2.

385 — Buste de Cérès couronnée du modius. 48 cent.

386 — Acteur à tête de pourceau, vêtu d'une tunique longue à manches, et jouant du tympanum. 12 cent. 1/2.

387 — Femme debout, tenant un enfant dans ses bras, la tête couverte de son peplus. Draperie colorée en rose. 18 cent.

388 — Femme debout, drapée, le bras droit derrière le dos, le gauche soutenant son peplus sur la hanche. 19 cent. 1/2.

389 — Bacchante vêtue d'une tunique talaire et d'un peplus;
les bras élevés. 18 cent. 1/2.

390 — Enfant couché dans un berceau. 11 cent. sur 4.

391 — Diane chasseresse, debout, la main droite sur la hanche,
un flambeau sur le bras gauche. Un chien est à ses pieds.
16 cent. 1/2.

392 — Hébé debout, drapée, une œnoché dans la main droite
et une coupe dans la main gauche. 21 cent.

393 — Groupe de deux femmes debout et drapées, serrées
l'une contre l'autre, peut-être Électre et Chrysothémis.
Fragment. 14 cent.

394 — Femme debout, nue jusqu'à la ceinture, le bras gauche
appuyé sur un cippe élevé. 13 cent.

395 — Proserpine debout, nue par devant, le peplus re-
jeté sur le dos, tenant une grenade dans la main droite.
20 cent.

396 — Têtes grotesques.

397 — Jeune satyre nu, debout, une peau de panthère sur
les épaules, les jambes croisées, des bottines aux pieds, les
bras écartés et la tête levée en l'air. 23 cent.

398 — Acteur barbu, portant la main droite à son menton. 12 cent. 1/2.

399 — Léda ou Pénélope, donnant de la main droite à manger à un cygne. 18 cent.

400 — Jeune danseuse entièrement nue, debout sur la pointe des pieds, les bras écartés. 13 cent.

401 — Rome assise, les jambes croisées, un casque sur la tête. 15 cent.

402 — Jeune femme debout, vêtue d'une double tunique, la main droite appuyée sur la hanche, la poitrine et le bras droit nus. 16 cent.

403 — Éros debout, les ailes éployées, une patère dans la main droite. Traces de dorure. 15 cent. 1/2.

404 — Thétis assise sur un triton. 20 cent.

405 — Femme debout, peut-être Vénus, nue jusqu'à la ceinture, penchée vers la droite, les bras en avant, le pied gauche posé sur un cippe. 19 cent. 1/2.

406 — Éros debout, les ailes éployées, portant la main à la tête, le bras gauche élevé. Traces de dorure. 15 cent. 1/2.

407 — Femme nue jusqu'à la ceinture, appuyée contre un cippe, couronnée de pampres, les cheveux colorés en rouge. 26 cent.

408 — Poupée grotesque, jambes mobiles. 12 cent.

409 — Femme drapée, couronnée de fleurs, les deux mains cachées sous son peplus, qu'elle soulève légèrement de la main droite. Base ovale. 20 cent.

410 — Diane debout, vêtue d'une tunique courte. Poupée à tête, bras et jambes mobiles. 28 cent.

411 — Pâris assis sur un rocher; il est coiffé du bonnet phrygien et vêtu d'une tunique courte; dans sa main droite, la pomme. 21 cent. 1/2.

412 — Europe enlevée par le taureau; fragment. 19 cent. 1/2.

413 — Homme debout, peut-être un écuyer du cirque, une calotte sur la tête, vêtu d'une double tunique; fragment. 20 cent.

414 — Vénus diadémée, le bras droit élevé; elle est vêtue d'une double tunique. 37 cent.

415 — Femme drapée, le bras droit nu, appuyé sur la hanche, le pied droit un peu en arrière. 37 cent. 1/2.

416 — Vénus nue, debout, les jambes croisées; une draperie partant de l'épaule gauche recouvre la jambe droite; elle a le bras droit étendu en avant. 33 cent.

417 — Femme drapée, les cheveux relevés, couronnée de fleurs ; elle tient un alabastron des deux mains. 36 cent.

418 — Femme assise, remettant sa chaussure, l'épaule droite et le sein nus ; manque la main droite. 30 cent.

419 — Génie funèbre, bandeau sur la tête, collier ; dans l'attitude de voler.

420 — Vénus les bras élevés, appuyée contre un cippe. 28 cent.

421 — Vénus les bras élevés, appuyée contre un cippe. 28 cent.

422 — Femme assise sur des rochers, la tête penchée à droite, les cheveux pendant sur le cou. 25 cent. 1/2.

423 — Femme assise et penchée, remettant sa chaussure de la main droite ; fragmentée. 23 cent.

424 — Éros ailé, sur un cheval en marche.

425 — Danseuse très-penchée en arrière. 23 cent.

426 — Femme assise tenant un enfant emmaillotté sur ses genoux, draperie peinte en rose. 17 cent. 1/2.

427 — Vénus nue assise, coiffée du modius ; peinture rose sur les épaules, les genoux et les bras. 18 cent.

428 — Muse drapée, le bras droit sur le ventre, l'autre le long de la cuisse. 30 cent.

429 — Vénus, une couronne murale sur la tête, une colombe sur le bras gauche.

430 — Femme drapée, la tête penchée en arrière, relevant ses vêtements près du cou. 20 cent.

431 — Femme drapée, la main droite sur la poitrine, la gauche sur la hanche, pied gauche en arrière. 27 cent.

432 — Femme diadémée, la main droite sur la hanche. 29 cent.

433 — Muse couronnée de fleurs, le bras droit élevé et appuyé sur un cippe. 26 cent. 1/2.

434 — Femme drapée, coiffure à côtes, la tête penchée à gauche, le bras gauche relevant une partie du peplus. 25 cent.

435 — Femme drapée, la tête relevée portant une partie de son vêtement en avant, le pied droit en arrière. 24 cent.

436 — Femme drapée; son peplus recouvre sa tête; elle soulève son vêtement de la main gauche. 17 cent. 1/2.

437 — Femme drapée, couronnée de fleurs, la main droite derrière le dos. 14 cent. 1/2.

438 — Femme drapée, relevant son peplus près du col, de la main gauche, la tête penchée à gauche. 19 cent.

439 — Enfant sur un cheval. 12 cent.

440 — Femme jeune, debout, jouant de la double flûte. 13 cent. 1/2.

441 — Homme couché sur un tombeau. 15 cent.

442 — Victoire ailée, couronnée de fleurs et de fruits, sur une base en pente à droite. 20 cent.

443 — Victoire ailée, couronnée de fleurs et de fruits ; base en pente à gauche. 18 cent.

444 — Éros debout, le bras droit appuyé contre un cippe, une draperie sur le dos. 13 cent.

445 — Femme diadémée, assise, les mains sur les genoux. 20 cent.

446 — Cérès nue jusqu'à la ceinture, portant un petit cochon dans la main. 24 cent.

447 — Éros les ailes éployées ; un petit chien le tire par son manteau. 18 cent.

448 — Danseuse la tête tournée ; large vêtement.

449 — Buste de Minerve casquée, l'égide sur la poitrine (travail grec). 12 cent.

450 — Deux petites danseuses accolées, coiffées du modius, et tenant des crotales dans les mains.

451 — Amazone à cheval, bouclier au bras gauche. 16 cent.

452 — Groupe de deux petites femmes drapées, pressées l'une contre l'autre. 14 cent.

453 — Femme assise, voilée sur la tête, allaitant un enfant (fracturée). 16 cent.

454 — Femme drapée, le bras droit derrière le dos ; terre rouge grossière. 17 cent.

455 — Bacchante couronnée de lierre, peplus ouvert sur la poitrine. 25 cent.

456 — Danseuse le bras gauche élevé, la tête penchée en arrière. Fragmentée. 21 cent.

457 — Danseuse, vêtue d'une double tunique, le bras droit élevé, fragmenté. 24 cent.

458 — Enfant sur un paon ; derrière, inscription grecque.

459 — Femme couronnée de pampres : poupée ; manquent les bras et les jambes, qui s'attachaient au tronc. 12 cent. et demi.

460 — Deux prêtresses portant des offrandes. 39 cent.

461 — Sacrificateur tenant un taureau ; quatre personnages. Bas-relief. 29 cent.

462 — Jugement de Paris (bas relief). 30 cent.

463 — Jeune et vieux satyres faisant la vendange ; peinture rouge (bas relief). 28 cent.

464 — Jeune et vieux satyres faisant la vendange (bas relief sur lequel est empreinte la patte d'un chien). 28 cent.

465 — Deux satyres se tenant à un cercle, chacun de leur côté, pour fouler la vendange. 30 cent.

466 — Tête de buffle, cornes en spirale, tête bridée. 24 cent.

467 — Tête de griffon. 22 cent.

468 — Tête de lion. 20 cent.

469 — Tête de chien étrusque (gargouille). 20 cent.

470 — Sphinx accroupi. — Atys jouant de la flûte de Pan

471 — Enfant sur un chien. 10 cent.

472 — Enfant monté sur un cochon; jouet, boule dans l'intérieur. 11 cent.

473 — Sirène accroupie. 10 cent.

474 — Femme debout, vêtue d'une double tunique, amphore dans la main gauche. 11 cent.

475 — Femme drapée, couronnée, la main droite sur la poitrine, en dessous du peplus. 22 cent. et demi.

476 — Femme sur un siége, coiffée du modius (ancien style). 17 cent.

477 — Femme couronnée de fleurs, la jambe droite sur la gauche, le cou très-long. 19 cent.

478 — Femme avec des boucles d'oreilles, la main droite appuyée sur un cippe. 22 cent. et demi.

479 — Jeune homme vêtu d'une tunique courte, le bras gauche en avant, le droit sur la poitrine. 19 cent.

480 — Femme couronnée, la tête penchée en avant; elle relève son peplus de la main gauche, la main droite pendant sur la cuisse. 24 cent.

481 — Femme nue jusqu'à la ceinture, les bras élevés (fragmentée). 19 cent.

482 — Femme drapée, portant sur la tête un vase, qu'elle soutient de la main droite. Reste de couleur rose sur le vêtement. 19 cent.

483 — Jeune satyre ithyphallique, tenant une outre sur son dos de la main gauche. 15 cent.

484 — Éros debout, les bras écartés, les ailes éployées, couronné de fleurs. 9 cent.

485 — Acteur ou sénateur (grotesque), le bras droit appuyé sur la poitrine, l'index élevé. 17 cent.

486 — Vainqueur cuirassé, portant une grande palme de la main gauche. 15 cent.

487 — Femme nue assise, coiffure très-élevée, les bras en avant. 18 cent.

488 — Femme nue jusqu'à la ceinture, les cheveux tombant sur les épaules, la main gauche appuyée sur un cippe. 34 cent.

489 — Apollon appuyé contre un cippe orné d'une couronne. 32 cent.

490 — Éros, les ailes éployées, monté sur une chèvre. 13 cent.

491 — Enfant sur un coq. 13 cent. et demi.

492 — Victoire casquée, portant un trophée d'armes, un bouclier au bras gauche. 19 cent.

493 — Jeune femme jouant du tympanum. 16 cent.

494 — Femme drapée (manque un bras); formant un petit vase. 39 cent.

495 — Jeune homme debout, portant un vase à une anse. 16 cent.

496 — Enfant sur une oie. 15 cent.

497 — Enfant caressant un chien. 11 cent.

498 — Homme assis, grotesque. 12 cent.

499 — Enfant assis par terre, tenant un chien sous le bras gauche. 12 cent.

500 — Danseuse à ample vêtement, le pied gauche en avant, la tête penchée à droite. 21 cent. et demi.

501 — Victimaire, une coupe dans la main gauche, tenant une chèvre par les cornes.

502 — Vénus sortant de la coquille, sans base.

503 — Diane debout, les jambes croisées, appuyée contre un cippe; elle a le carquois sur le dos. 23 cent.

504 — Éros, les jambes croisées, appuyé contre un cippe (la base et quelques parties sont modernes), 17 cent. et demi.

505 — Hercule enfant étouffant les serpents. 10 cent.

506 — Jeune homme debout, jouant de la double flûte, un chien près de lui. 17 cent.

507 — Cérès tenant le flambeau du bras gauche. 19 cent.

508 — Cérès tenant le flambeau du bras droit. 21 cent.

509 — Silène accroupi, une outre entre les jambes. 7 cent.

510 — Figure dans un bige; bas-relief. 15 cent.

511 — Femme avec une couronne, enveloppée dans un long vêtement; le bras droit appuyé sur un cippe. 20 cent.

512 — Tète de femme diadémée. 11 cent.

513 — Jeune enfant voilé, relevant son vêtement. 12 cent.

514 — Femme nue, debout, une couronne sur la tête. 22 cent.

515 — Femme avec une couronne de fleurs, demi-nue, le bras droit appuyé sur un cippe, le gauche sur sa hanche. 23 cent.

516 — Vénus nue, assise, sans bras ni jambes. 15 c.

517 — Éros couché, formant vase. 10 cent.

518 — Femme les cheveux ondulés, enveloppée dans un long vêtement, le bras gauche derrière le dos. 22 cent.

519 — Éros nu, debout; manque une aile. 15 cent.

520 — Femme voilée, debout. 27 cent.

521 — Femme debout enveloppée dans un long vêtement.

522 — Hercule nu, couché sur une peau de lion; il tient sa massue et une coupe; peinture rose. 15 cent.

523 — Femme drapée, avec des boucles d'oreilles. 19 cent.

524 — Actéon dévoré par ses chiens; Diane avec son arc. Bas-relief. 21 cent.

525 — Tête de femme diadémée, de face. 21 cent.

526

526 — Tête de Cybèle. 17 c.

527 — Masque d'un Silène. 12 c.

528 — Masque d'un faune. 12 c.

529 — Masque d'une bacchante. 10 c.

530 — Bacchante demi-nue, appuyée sur un cippe. 30 c.

531 — Femme drapée et couronnée de fleurs, debout sur une base. 28 c.

532 — Vénus nue à genoux, tenant une coquille. 17 c.

533 — Tête de jeune fille. 10 c.

534 — Hippocampe. 14 c.

535 — Femme drapée couronnée; son peplus laisse à découvert le sein et le bras droit (fragment). 31 c.

536 — Femme vêtue du peplus, le sein découvert. 22 c.

537 — Masque scénique à long cheveux tressés. 14 c.

538 — Vase forme de gourde, de chaque côté une tête de Méduse. 13 c.

539 — Buste de femme à longs cheveux ; elle relève son vêtement avec son bras droit.

540 — Femme les jambes nues, les bras étendus en avant.
10 cent.

541 — Femme assise, allaitant deux enfants. 18 c.

542 — Femme à mi-corps, enveloppée dans son vêtement
(fragment). 13 c.

543 — Vase forme de gourde, de chaque côté une tête de Silène. 12 c.

544 — Tête de femme, cheveux séparés par le milieu, boucles
d'oreilles. 13 c.

545 — Masque scénique. 20 c.

546 — Femme debout, la main gauche sur la hanche, l'autre
tenant son peplus. 22 c.

547 — Fond de coupe : femme nue et satyre ; peinture rose
8 cent.

548 — Tête de nègre à oreilles de faune. 8 c.

549 — Chien étrusque couché. Vase à une anse. 14 c.

550 — Amour sur un dauphin. 17 c.

551 — Cheval au galop, ronde bosse. 23 c.

552 — Petit cheval. 12 c.

553 — Cheval debout, rosace sur le poitrail. 12 c.

554 — Avant-corps de cheval, pour placer sur la panse des
vases funèbres. 12 c.

555 — Bélier. 11 c.

556 — Chien dévorant une proie. 11 c.

557 — Avant-corps de cheval. 12 c.

558 — Colombe. 18 c.

559 — Terre cuite. Cochon, forme exagérée (guttus). 7 c.

560 — Cochon, forme peu arrêtée. 7 c.

561 — Enfant couché sur un cochon (jouet, boule dans l'intérieur). 11 c.

562 — Colombe sur une base ronde. 10 c.

563 — Une souris. 3 c.

564 — Une tortue. 3 c.

565 — Un cochon. 7 c.

566 — Soixante têtes diverses d'hommes et de femmes, quelques-unes très-belles. (Ce lot sera divisé.)

Peinture murale

567 — Femme debout, vêtue d'un manteau qui laisse le haut du corps entièrement nu, la main droite levée et un sistre dans la main gauche. 25 cent.

568 — Buste de jeune satyre, la tête ornée d'une guirlande, un pedum contre le bras droit, sa main gauche tient un canthare qu'il porte à ses lèvres. 25 cent.

569 — Jeune homme nu avec une chlamyde rouge tombant derrière, tenant une baguette dans sa main droite et une couronne dans la gauche. Inscription ΜΥDTIΛΟΣ. Fragment. 23 cent.

570 — Une bacchanale composée de douze personnages, hommes et femmes. Peinture polychrôme. Fragment. 65 cent.

Ivoires antiques

571 — Sacrifice à Éros; quatre femmes dans un costume archaïque d'un travail assez récent.

572 — Fragment dans un encadrement de palmettes.

573 — Vénus nue, portant la main à sa poitrine (fragment exfolié).

574 — Tête de femme coiffée de bandelettes, tresses pendantes.

575 — Petit satyre portant une lyre (fragment).

576 — Fragment d'homme la tête penchée.

577 — Terme.

578 — Gladiateur casqué avec son bouclier (couteau avec sa lame).

579-580 — Tête d'Hercule (os).

581 — Tête de mulet.

582 — Buste d'homme portant la main sur sa tête.

583 — Ciste, scènes pastorales.

584 — Bas d'un diptyque consulaire représentant des jeux.

Verres antiques

586 — Sphinx assis (plaque carrée).

587 — Mascaron, tête de femme.

588 — Corne d'abondance (fragment irisé et doré).

Argent

589 — Femme debout drapée; Cybèle très-oxydée. 17 cent.

Albâtre

590 — Fragment des Noces de Thétis.

Plaques en bronze
DES XVe, XVIe & XVIIe SIÈCLES

591 — Plaque carrée dans un cadre en cuivre. Buste à droite de Louis XIV casqué et cuirassé.

592 — Plaque en silhouette. Cavalier poursuivant un sanglier.

593 — Quatre plaques. Romulus tuant Rémus, Apollon couché, etc.

594 — Plaque ronde dorée. Guerrier assis sur un monceau d'armes; inscr. *Victoria funesta*.

595 ,— Plaque ronde. Neptune sur son char, brandissant son trident.

596 — Deux petites plaques encadrées en cuivre. Guerrier terrassant un ennemi; Marche triomphale.

597 — Deux plaques avec guirlande : figure nue assise, avec un violon; l'autre, homme nu appuyé sur un cippe, faisant faire des tours à des chiens.

598 — Plaque carrée en plomb. Silène sur un âne, avec faunes, satyres, etc.

599 — Plaque carrée. Jésus-Christ trahi par Judas.

600 — Plaque carrée et dorée. Une bataille.

601 — Deux bas-reliefs provenant de pommeaux d'épées; l'un représente Curtius se précipitant dans le gouffre, et l'autre Mucius Scævola.

602 — Plaque carrée. Mercure et Pallas debout, avec leurs attributs.

603 — Plaque ovale. Têtes en regard de Mars et Diane.

604 — Plaque ronde. Cavalier accompagné de deux archers à pied.

605 — Plaque ronde. Deux cavaliers au galop, la lance en arrêt. *Victori gloria major erit s. c.*

606 — Plaque ronde. Deux satyres découvrent une femme endormie avec ses deux enfants, sur un cippe ou lit : *Virtus*. ℟. Satyre jouant du buccin, auprès d'une femme couchée, tenant une corne d'abondance.

607 — Plaque ronde. Jugement de Paris.

608 — Plaque carrée. Deux guerriers armés devant l'empereur assis sur une estrade, sur laquelle on lit s. p. q. z.

609 — Plaque carrée. Combat.

610 — Plaque carrée. Une femme montre à la foule la **Vierge** au-dessus d'un temple, un personnage couronné est tombé à genoux.

611 — Plaque ronde. Armée en marche SÉNATUS POP.; dans un second cercle chasse, et combat de gladiateurs.

612 — Plaque ronde. Deux petits amours enlacés dans une tête de Méduse.

613 — Plaque ronde. Sujet allégorique, composé de quatre personnages et signée ıo. *f. f.*

614 — Plaque ronde. Femme debout sur des dégrés, portant sur sa tête une vasque, d'où sort un liquide que la foule s'empresse de recueillir. *Numquam deficit virtus.*

615 — Plaque ovale. Buste à mi corps d'un faune.

15
Barre

616 — Plaque carrée. Combat sous les murs d'une ville.

617 — Plaque carrée. Le Temps assis sur un lion, victoire. Hygie et autres personnages.

618 — Plaque carrée. Faunes et satyres emportant Silène.

10
Rollin

619 — Plaque carrée. Guerrier nu assis, tenant d'une main le palladium et de l'autre une épée courte.

620 — Plaque carrée. Hercule tuant l'hydre.

34
Du Boys

621 — Plaque carrée. Jésus-Christ chassant les marchands du Temple; sur le fronton on lit : *Valerius vin. f.*

622 — Plaque carrée. Trois guerriers prêts à s'embarquer sur un vaisseau.

623 — Plaque carrée. Char traîné par deux lions sur ce char, quatre personnages, dont l'Équité.

10.50
Charlet

11.50
Armand

624 — Plaque carrée. Char traîné par deux mulets; deux femmes sont enchaînées près des roues, sur le char trois femmes au-dessus desquelles on lit : *inopia umi tim.*

32
Rollin

625 — Plaque carrée. Vue d'une ville au bord d'un fleuve; une armée s'en empare, plusieurs personnages sont jetés dans le fleuve.

7
Arondel

626 — Plaque ronde. Hercule portant la biche aux pieds d'or, satyres et femmes dansant.

627 — Plaque carrée. Le Christ en croix, entre les deux larrons; au pied de la croix femmes pleurant, et guerriers.

10
Rollin

628 — Plaque carrée. Un combat.

629 — Plaque carrée. Hercule étouffant Cacus dans ses bras; la peau du lion, son arc et son carquois sont accrochés à un arbre.

8.50
Arondel

630 — Plaque ronde. Vulcain forgeant un bouclier, tenu par une victoire; deux chevaux paissant.

631 — Plaque ronde. Prométhée tombé de son char.

11
Rollin

632 — Plaque ronde. Deux guerriers tenant un homme nu, à ses pieds un violon, dans le lointain un vaisseau.

6.50
Arondel

633 — Plaque carrée finissant par un cintre. Buste à

634

mi-corps de la Vierge nimbée, tenant l'Enfant Jésus nimbé.

634 — Bas-relief rond. Apollon vainqueur du serpent Python. ℞. Enfant endormi près d'un cippe.

635 — Bas-relief carré. La Vierge et l'Enfant Jésus, assis sur une base, sur laquelle on lit : *Ave regina celorum*, à ses pieds, deux petits anges.

636 — Bas-relief rond. Orphée et Eurydice aux enfers. 10 c.

637 — Petit bas-relief rond, représentant Hercule debout, étouffant un lion ; son arc et son carquois sont suspendus à un arbre derrière lui. XVIᵉ siècle. 10 c.

MÉDAILLES

MÉDAILLES

Médailles en bronze

DES XVe, XVIe & XVIIe SIÈCLES

SUÈDE

1 — Gustave-Adolphe (1633). Tête à droite, de trois quarts, sans légende ni revers.

10 cent.

2 — Gustave-Adolphe et **Marie-Eléonore** sa femme (1633). Tête à droite. GUSTADOUR. D. G. SUEC. GOTH. WAN. REX. M. P. F. DE. ETCIDO. ℞. Tête à gauche. MARIA. LEONORA. GETNAN. REG. M. P.

3 cent.

3 — *Le Même*. Tête à droite, de trois quarts. GUSTAVUS. ADOLP.

D. G. SUED. GOTHOR. etc. ℞. Lion tenant un glaive, légende allemande en deux lignes.

4 cent.

DANEMARK

4 — **Frédéric II**, roi de Danemark (1547). Tête à gauche. FREDERICUS. Z. D. G. REX. ℞. Eléphant. MEIN. HOFFUNG. ZU. GODT. ALLEIN. 1580. Sous l'Eléphant T. I. W. B.

3 cent.

ANGLETERRE

5 — **Henri VIII**, d'Angleterre (1547). Tête de face. HENRICUS. VIII. DE. GRATIA. REX. ANGLIE. Sans revers.

10 cent.

6 — **Marie Tudor** (1558). Tête à gauche. MARIA. REG. ANGL. FRANC. ET. HIB. FIDEI. DEFENSATRIX. (JAC. TREZ.) ℞. La Religion portant un rameau et une torche. CESIS. VISUS. TIMIDIS. QUIES.

6 cent.

7 — Même médaille en argent.

6 cent.

8 — **Charles I**er d'Angleterre (1649). Tête à droite. CAROLUS. D. G. MAGN. BRITAN. FRANC. ET. HIB. REX. FR. D. ℞. Tête à gauche. HENRIETTA. MARIA. D. G. MAG. BRITAN. FRAN. ET. HIB. REG. Exergue. T. RAWLIN. F. Argent. Ovale.

5 cent.

9 — *Le Même.* Tête à gauche. CAROLUS. D. G. M. BR. FR. ET. HIB. REX. Sous le buste 1 d. f. ℞. Tombeau. NAT. 13 NOV. 1600. COR. 2 FÉV. 1626. M. 13 JANV. 1649. Jean Dassier.

4 cent.

10 — **Olivier Cromwell** (1658). Tête à gauche. OLIVAR. D. G. P. ANG. SCO. HIB. ETC. PRO. ℞. Écusson. PAX. QUAERI-TUR. BELLO. 1658. Essai en bronze de l'écu.

4 cent.

EMPIRE D'ALLEMAGNE

ARCHIDUCS

11 — **Sigismond** (1437). Tête à droite, de trois quarts. SIGIS-MUNDUS. D. G. IMP. RO. HONG. ET. BO. REX. DE. BURG. ZC. Sans revers.

3 cent.

12 — **Frédéric III** (1493). Tête à gauche. IMP. CAES. FRIDE-RICUS. III. AUG. AN. 58. Sans revers. Plomb. Ovale.

9 cent.

13 — *Le Même.* Tête à gauche. FRIDERICUS. TERTIUS. ROMANO-RUM. IMPERATOR. SEMPER. AUGUSTUS. ℞. Arc de triomphe sur lequel on lit : CXXII. EQUITES. CREAT. KALENDI. JANUA-RII. MCCCCLXIX.

5 cent.

14 — *Le Même.* Têtes accolées à droite de Frédéric III et Maximilien Ier. DIVI. FRIDRICHUS. III. PAT. ET. MAXIMI-

LIANUS. FILI. IMPER. ROMANI. R'. Ecusson et couronne.
NOBILISS. AC. ILLUSTRISS. DOMUS. AUSTRIACAE. INSIGNIB.
AN. 1531.

5 cent.

15 — **Maximilien Ier et Marie de Bourgogne** (1519).
Tête à droite. MAXIMILIANUE. MAGNANIM. ARCHIDUX. AUSTRIAE.
BURGUNDIE. AETATIS. 19. R'. Tête à droite. MARIA. KA-
ROLI. FILIA. HERES. BURGUNDI. BRAB. CONJUGIS. ETATIS.
20. 1479.

4 cent.

26
malinet

16 — *Le Même*. Tête à droite, de trois quarts. Haut relief.
Sans légende ni revers.

8 cent.

59
Rollin

17 — *Le Même*. Tête à droite. Sans légende ni revers.

5 cent.

21
Piot

18 — *Le Même*. Tête à droite. MAXIMILIANUS. IMPERATOR. Sans
revers.

5 cent.

19 — **Maximilien Ier et Marie de Bourgogne** (1519).
Tête à droite. MAXIMILIANUS. DUX. AUSTRIAE. BURGUND.
R'. Tête couronnée à droite. MARIA. KAROLI. F. DUX. BUR-
GUNDIAE. AUSTRIAE BRAB. CO. FLAN.

5 cent.

170
Rollin

20 — **Charles-Quint** (1558). Tête à droite. IMP. C. CARO-
LUS. V. AUG. R'. PHIL. AUST. CARO. V. CAES. F. Philippe à
cheval à droite.

10 cent.

21 — *Le Même*. Tête à droite, entourée d'écussons. CAROLUS. RO. IMPER. ℞. Double aigle entouré d'écussons. N. 1551.

7 cent.

22 — *Le Même*. Tête à droite CAROLUS. V. DEI. GRATIA. ROMAN. IMPERATOR. SEMPER. AUGUSTUS. REX. HIS. ANNO. SAL. MDXXXVII. ÆTATIS. SUAE. XXXVII. ℞. Ecusson, PLUS OULTRE. (H. R.)

8 cent.

23 — *Le Même*. Tête à droite. CAROLUS. V. IMP. BONON. CORONATUS. MDXXX. Sans revers.

9 cent.

24 — *Le Même*. Deux têtes accolées à droite. CAROLUS. V. E. FER. I. FRES. RO. IMP. ET. RE. HISP. UTRIQ. SICIL. UNG. BOE. ARCHID. AUST. D. BURG. 1532. (K. Q. F.) Sans revers.

7 cent 1/2.

25 — *Le Même*. Tête à droite. IMP. AUG. CAROLUS. V. ROM. Sans revers.

8 cent.

26 — *Le Même*. Quatre têtes accolées à droite. HENRICUS. H. FR. CAROLUS. V. S. U. A. R. D. DIVI. JULI. LUCRETIA. Sous les bustes L. POEHLM. RO. F. Sans revers.

5 cent.

27 — *Le Même*. Tête à droite. IMP. CAES. CAROLUS. V. AUG. ℞. Tête à gauche, de trois quarts. DIVA. ISABELLA. AUG. CAROLI. V. UX.

9 cent.

28 — *Le Même.* Tête à droite. IMP. CAES. CAROLUS. V. AUG. R̸. L'Aurore sur son char. VIRTUTIS. FORMAE. QUE. PRAELIA.

8 cen.

29 — *Le Même.* Quatre têtes accolées de Charles-Quint, Philippe II, Maximilien et Marie. Sans revers ni légende.

7 cent.

30 — *Le Même.* Tête à droite. CAROLUS. V. CHRIST. REIP. IN-STAURAT. AUS. IMP. CAE. R̸. Hygie donnant à manger à un serpent sur un autel. SALUS. PUBLICA.

5 cent.

31 — *Le Même.* Tête à gauche, de trois quarts. DIVUS. CAR. V. CAES. AUG. OPT. PR. TR. F. CHR. REIP. SERV. IMP. P. P. R̸. Globe entre deux colonnes. NOMINE CAESAREO PLENUS UTER-QUE POLUS.

3 cent.

32 — *Le Même.* Tête à droite. KAROLUS. S°. ROM. INVICTISS°. IMP. CAES. SEMPER. AUG. Sans revers.

11 cent.

33 — *Le Même.* Tête de trois quarts, à gauche. Sans légende ni revers.

8 cent.

34 — **Maximilien II**, empereur d'Allemagne (1576). Tête à gauche. MAXIMILI. II. ROM. IMP. SEMPER. AUGUSTUS. R̸. Aigle à deux têtes et écusson. DEO. ET. CAESARI. FIDEL. PERPET. 1571.

4 cent.

35 — **Mathias II** (1619). Tête à droite. MATTHIAS. II. D. G. HUNG. etc. ℞. AMAT. VICTORIA. CURAM. Victoire debout et une femme tenant une palme. Ovale. Plomb.

4 cent.

36 — *Le Même*. Tête à droite. MATHIAS. REX. HUNGARIAE. Sans revers.

8 cent.

37 — **Ernest**, archiduc d'Autriche (1595). Tête à gauche. ERNESTUS. ARCHIDUX. AUSTRIAE. DUX. BUR. COM. TIR. (A. A. R.) ℞. Couronne. SOLI. DEO. GLORIA. 1585. Argent.

3 cent.

38 — *Le Même*. Tête à gauche. ERNESTUS. ARCHID. AUSTRIAE. Sans revers.

4 cent.

39 — **Don Juan** d'Autriche (1578). Tête à gauche. JOANNES. AUSTRIA. CAROLI. V. FIL. AET. SU. ANN. XXIV. Sous le buste IO. V. VILEM. F. 1571. ℞. Don Juan sur une colonne rostrale, couronné par une Victoire. CLASSE. TURCICA. AD. NAVPACTUM. DELETA. DIE. OCTOBR. 1571.

4 cent.

40 — **Marie** d'Autriche, fille de Charles-Quint. Tête à gauche. MARIA. AUSTR. REG. BOEM. CAROLI. V. IMP. FIL. ℞. Tête à gauche, de trois quarts. IOANNA AUSTR. CAROLI. V. IMP. FILIA.

6 cent.

41 — *La Même*. Tête à gauche. MARIA. AUST. REG. BOEM.

CAROLI. V. IMP. FIL. ℞. Femme tenant des rameaux et une couronne. CONSOCIATIO. RERUM. DOMINA.

6 cent.

42 — *La Même*. Tête à gauche. MARIA. IMP. MDLXXV. (16 AN. AB.) Sans revers.

6 cent.

43 — **Marguerite** d'Autriche (1586). Tête à droite. MARGARITA. AUSTRIA. ℞. Combat. DOMINUS. CUSTODIA. TUA. DOMINUS. PROTECTIO. TUA.

4 cent.

44 — *La Même*. Tête à droite. MARGARETA. F. AUSTRIA. D. P. P. ℞. Soleil et plantes. T. INT. F. R. S. T. D. D. R.

3 cent.

45 — *La Même*. Tête à droite. MARGARITA. AB. AUSTRIA. D. P. ET. P. GERM. INFER. G. ℞. Femme debout, tenant un glaive et une palme. A. DOMINO. FACTUM. EST. ISTUD. 1567.

3 cent.

46 — **Marie-Thérèse** d'Autriche (1780). Tête à gauche. LEOPOLDUS. D. G. ROM. IMP. SE. AUG. H. B. REX. ℞. sans revers.

3 cent. 1/2.

SAXE

47 — **Christian**, duc de Saxe. Tête à droite. CHRISTIAN. D. G. DUX. SAXO. ET. ELEC. Ovale. Sans revers.

H. 4 cent.

48 — Jean-Frédéric, électeur de Saxe (1554). Tête à droite, de trois quarts. IMAGO. IOANNIS. FRIDIRICI. ELECTORIS. DUX. SAXONIÆ. ℞. Bataille. NON. FRUSTRA. GLADIUM. GESTAT. NAM. DEI MINISTER. EXCULTOR. AD. IR. MDXXXVII.

5 cent.

49 — *Le Même*. Tête à droite, de trois quarts. JOANNS. FRIDI-RICUS. ELECTOR. DUX. SAXONIE. FIERI. FECIT. AETATIS. SUAE. 32. ℞. Écusson. SPES. MEA. IN. DEO. EST. ANNO. NOSTRI. SALVATORIS. MDXXXV.

6 cent.

SILÉSIE

50 — **Jean-Christian**, duc de Silésie. Tête à droite. IOHAN-NES. CHRISTIAN. D. G. DUX. SILESIAE. LIGNIE. ET. BUGENSIS. 1608. ℞. Écusson. INTEGRITAS. ET. RECTUM. CUSTODIUNT. ME. Ovale. Arg.

4 cent.

BOHEME

51 — **Ferdinand Ier**, roi de Bohême (1564). Tête à droite. C. FERDINANDUS. D. G. RO. HUNGA. BO. REX. Sans revers.

8 cent.

BRANDEBOURG

52 — **Frédéric**, marquis de Brandebourg. Tête à gauche. SUPERST. DEI. GRATIA. INVICTA. VIRTUS. FRIDERICH. ANN. NAT. LXX. ℞. Écusson. MARCK. BRAND. STETTI. POME. CASUB. VAND, BUR. GR. MURREN. PRIN. RO. G. MDXXVIII.

4 cent.

6

BRUNSWICK

53 — **Frédéric-Ulrich**, duc de Brunswick (1634). Tête à droite. FRIDERICH. ULRIC. D. G. DUX. BRUNS. EL. Ovale.

4 cent.

HONGRIE

30
Charvet

54 — **Louis II**, roi de Hongrie (1526). Tête à gauche. LUDO-VICUS. UNGAR. etc. AETATIS. SUAE. 30. ℞. Une bataille. 1532. DE. GALLIS. AD. CANNAS. Arg.

13
Piot

55 — **Louis II**, roi de Hongrie et **Marie** d'Autriche (1526). Tête à gauche. LUDOVIC. UNGAR, ET. REX. CONIRA. TURCA. PUGNANDO OCCUBUIT. 1526. AETATIS. SUAE. XXX. ℞. Tête à droite. MARIA. REG. etc.

4 cent.

56 — **Emeric de Tekely** (1705). Tête à droite, de trois quarts. EMERIC. TEKELY. DUX. PROTEST. IN. HUN. ℞. Cheval rompant ses liens après avoir renversé son cavalier. SIC. VIRTUS. NESCIA. FRENI.

5 cent.

ÉVÊQUE DE SPIRE

20
Rollin

57 — **Georges**, évêque de Spire. Tête à gauche. GEORG. EPS. SPIRE. COPA. RE. DUX. BAVA. ℞. Écusson, MDXX.

4 cent. 1/2.

58

PERSONNAGES ALLEMANDS

58 — Jean Schram (XVI° siècle). Tête à droite. IOANNI.
SCHRAM. WURZBURGH. AETATIS. SUI. ANNORUM. XIII. MDXIX.
R'. Ancre. CONSTANCIA. ROTAT. OMNE. FATUM.

4 cent.

59 — Jacques Fugger, écrivain allemand (1555). Tête à
droite, de trois quarts. JAC. FUGGER. DER. ALTER. Sans revers.

5 cent.

60 — Hans Hofman. Tête à gauche. HANS. HOFMAN. FREI-
HER. CIBLAN. 1. HOFMAIS. A. STEY. R'. Écusson. RO. RU. MA.
RATT. UND. CAMERER. CZ. ANNO. D. 1542.

3 cent.

61 — Ulrich Pauman (XVI° siècle). Tête à droite. ULRICH.
PAUMAN. VON. UNTERSCHWAINPACH. XX. R'. Cimier et écus-
son. RO. KE. M. T. Z. ETC. ERRNHOLD. MDXLIII. SEINES. AL-
TERS. XXXVIII.

4 cent.

62 — Jean d'Aich de Cologne. Tête à droite. IOANNES. AB.
AICH. AGRIPPINENSIS. AETATIS. SUAE. XXVII. R'. Homme
portant une meule sur son dos. IN. TE. DOMINE. SPERAVI.
NON. CONFUNDAR. IN. AETERNUM. Argent.

3 cent. et 1/2.

63 — Philippe Melanchton (1560). Réformateur, né à

Bretten. Tête à gauche. PHILIPPUS. MELANTHON. ANNO. AETATIS. SUAE. XLVII. (H.) R'. PSAL. 36. SUBDITUS. ESTO. DEO. ET. ORA. EUM. ANNO. MDXXXXIII.

4 cent.

15
Rollin

64 — **Henri d'Eppendorf**, savant allemand (1553). Tête à gauche. AD. VIVUM. REDDITUS. HENRICUS. AB. EPPENDORF. R'. AUGUSTA. VINDELICORUM. SUB. CELEBRI. PRINCIPIUM. GERMANIC. CONVENTU. CAROLO. V. IMPERATORE. MDXXX.

5 cent.

8
Malinet

65 — **Jean de Huss** (1415). Tête à droite. JOA. HUS. CREDO. UNAM. ESSE. ECCLESIAM. SANCTAM. CATOLICAM. R'. Jean Huss lié sur un bûcher allumé. IO. HUS. CONDEM-NATUR. CHRISTO. NATO. 1415. DEO. RESPONDEBITIS. ET. MIHI. ANNO. A. CENTUM. REVOLUTIS. ANNIS.

4 cent.

20
Hamburger

66 — **Martin Luther** (1546), né en Saxe. Sans légende ni revers.

20
Rollin

67 — *Le même.* Tête à gauche. Sans légende ni revers.

10 cent.

:6
Pontié

68 — *Le même* (1546). Tête de face. MARTIN. LUTHER. DEHOR. 1483. OWORTS. 1456. R'. Luther et le peuple dans un temple. MIT. GOTT. NGVONNEN. ZU. WINNENBERG. DEN. 31. OCTOBER. 1547.

10 cent.

25
Armand

69 — **Albert Durer** (1528). Tête à droite. IMAGO. ALBERTI.

DURERI. AETATIS. SUAE. LVI. R'. BE. MA. OBDORMIVIT. IN
XPO. VI. IDUS. APRILIS. MDXXVIII. VI. C. VI.

3 cent. et 1/2.

70 — **Jean**, comte palatin. Tête à gauche. IOAN. C. PAL. RE.
DUX. BA. ET. EO. C. SPANHEJM. R'. Écusson. AETATIS. SUAE.
XXVIII. ANNO. DOMINI. MDXX.

5 cent.

71 — **François Siekinyz** (XVIe siècle). Tête à gauche.
FRANCISCUS. SIEKINYZ. RATUHAUMAN. CAROLI. QUINTI. MDXXI.
R'. ALPINGOT DI ERLIEBDEN, etc.

5 cent.

72 — **Nicolas Schlifer** (XVe siècle), musicien allemand.
Tête à gauche. NICOLAUS. SCHLIFER. GERMANUS. VIR. MODES-
TUS. ALTER. Q. ORPHEUS. R'. Orphée. MCCCCXLVII. OPUS JOAN-
NIS BOLDU PICTORIS.

8 cent.

73 — **Antoine de Taxis**. Tête à droite. ANTONIUS. DE. TAXIS.
AETA. XLII. R'. Écusson. 1552.

5 cent. 1/2.

74 — **Philippe de Jung Frilher**. Buste à mi-corps, la
main sur un crâne et l'autre sur un livre sur lequel on lit :
memen. mors. 1558, etc. Sans revers.

5 cent.

75 — **Zamiczer Wenezel**. Tête à droite, de trois quarts WE-
NEZEL. ZAMICZER. SEINES. ALTERS. LX. IAR. ANNO MDLXVIII.
Sans revers.

7 cent.

15
Rollin

76 — **Christophe Madrucci** (1587). évêque de Trente. Tête à gauche. CHISTOPHORUS. MAUR. CAR. EPS. PRIN. Q. TRIDENTINUS (PER. 1551). R̸. Femme montrant le soleil reflété dans l'eau.

3 cent. 1/2.

7
Rollin

77 — *Le Même* (1587). Tête à droite. CHRISTO. EX. BARONISS. MADRUCCI. ETA. SUAE. XXXV. R̸. Écusson et chapeau de cardinal. CARDINA. ET. EPIS. TRIDEN. ADMINISTRA. BRIXIENSIS.

4 cent.

10
Rollin

78 — **Christophe Muelichi**. Tête à gauche. CHRISTE-PHORI. MUELICHI. MDXXXIII. AETAT. SUAE. ANN. XXXX. — Femme tenant un lion. FEMINEO. IMPERIO. MITESCUNT. EF-FERA. CORDA.

3 cent. 1/2.

24
Hamburger

79 — **Jean-Baptiste**, comte de Collato (1560). Tête à gauche. IO. BAPTISTA. DE. COLLATO. CO. etc. (F. Q.) R̸. Armes. POST. TENEBRAS. SPERO. LUCEM. MDLX.

4 cent.

25
Charlet

80 — **Vitalis**. Tête à gauche. VITALIS. YMOLICHIUS. A. AE. XXXIX. P. 1559. R̸. Moïse faisant sortir de l'eau d'un rocher. Plusieurs personnages.

6 cent. 1/2.

PAYS-BAS

5
Rollin

81 — **Jean d'Egmont**, comte. Tête à gauche. JAN. CONTE. D'EGMONT. AETATIS. SE. XXI. Sans revers.

5 cent.

82 — **Charles de Croï**, duc d'Aarschot, prince de Chimay, ambassadeur du roi d'Espagne (XVIIᵉ siècle). Tête à droite. CHARLES DUC DE CROY D'ARSCHOT, PRINCE D'EMPIRE DE CHIMAY BORGEAU, COMTE DE BEAUMONT, SENEGHEN ET MEGNEN. ℞. Écussons et phénix. AMBASSADEUR ET OSTAGES DE LA PAIX ENTRE LES DEUX ROYS. 1599.

4 cent.

83 — **Louise-Catherine** (XVIᵉ siècle). Tête à gauche. KATTERINA, LUDWIG, HOL. ESCHVERIN. XXII. IAR. ALT. ℞. Écusson. HEREZ. NI. VERZAG. GLUCK. KUMBT. ALLE. TAG. MDXXXVI.

3 cent.

84 — **Ant. Perrenot**, cardinal de Grandvelle (1586). Tête à droite. ANT. S. R. E. PBR. CARD. GRANDVELLANUS. (JO. VE. MELON). ℞. Un vaisseau battu par la tempête. DURATE.

4 cent.

85 — *Le Même*. Tête à droite. ANT. PERRENOT. S. R. E, P. BRI. CARD. ARCHIEPI. MECHL. 1561. Sans revers.

5 cent.

86 — **Ant. Perrenot**, cardinal de Grandvelle, né à Besançon (1586). Tête à droite. ANT. S. R. E. PBI. CARD. GRAND VELLANUS. (IO. F. MELON. F.) ℞. Pape remettant une bannière. IN. HOC. SIGNO. VINCES. Plomb.

5 cent.

87 — **Albert**, archiduc d'Autriche, **Elisabeth** d'Espagne (1621). Tête à droite. ALBERT D. G. ARCHID. AUST. D. BURG. BRA. CO. FL. HOL. Z. ℞. Tête à gauche. ELISABETA. D. G. INF.

HISP. BRA. CO. D. BUR. BRA. CO. FL. HOL. ZE. Semblable à la précédente, mais dorée.

87 A.	4 cent.

88 — **Philippe de Montmorency**, comte de Hornes (1568). Tête à gauche. EN. TOUT. FIDEL. AU. ROI. R'. Deux mains jointes. JUSQU'A PORTER LA BESACE. Argent doré.

2 cent.

89 — *Le Même*. Tête à droite. PHLUS. BARO. DE. MONTMORENCY. COMES. DE. HORN. ADMIRALUS. ZE. C. 1565. Sans revers.

6 cent.

90 — *Le Même*. Tête à gauche. PHLUS. BARO. DE. MONTMOR. N. CZ. COMES. DE. HORN. ADMIRAILUS. Gravé en creux. Sans revers.

6 cent.

91 — **Walbourg de Nuena**, comtesse de Hornes (1600). Tête à gauche. WALBOURG. DE. NUENA. CONTESSE. DE. HORN. Sans revers.

3 cent. 1/2.

92 — **Zuchen Viglius** (de) (1577). Jurisconsulte dans les Pays-Bas. Tête à droite. VIGLIUS. PRCEP. I. BAU. PRAES. SUR. CON. R. MA. ET. CONS. ORD. AN. VEL. AET. LXII. Table sur laquelle se trouvent un livre, un sablier et un flambeau. VITA. MORTATIUM. VIGILIA. On lit sur le livre : DE. OPUS. M.

93 — **Maurice de Nassau** (1625). Tête à droite. MAURI-

TIUS. PR. AUR. CO. NASSAU, CAP. MARC. VER. ET. ULIS. (CON. BLOC. F.) ℞. Souche et rejeton. TANDEM. FIT. SARCULUS. ARBOR. ANNO. 1607.

4 cent.

94 — *Le Même*. Tête à droite, de trois quarts. MAURITIUS. AUR. PRINC. COM. NASSAU. ET. MU. MARE. RE. FL. GO. OR. PERICELDIS. ℞. Écusson. HONNY. SOIT. QUI. MAL. Y. PENSE. Ovale.

6 cent.

95 — **Jean de Witt**, grand-pensionnaire de Hollande et **Corneille de Witt** (1672). Leurs deux têtes en regard. IOANNES. DE. WITT. NAT. A. 1625. CORNELIUS. DE. WITT. NAT. A. 1623. etc. ℞. Animaux féroces déchirant les deux frères. NUNC. REDEUNT. ANIMIS. etc.

7 cent.

FRANCE. — ROYALES

96 — **Louis XI** de France (1484). Tête à gauche. DIVUS. LUDOVICUS LILII. PATER. AUCTOR. REGNI. REX. FRANCIAE. Dorée. Sans revers.

8 cent.

97 — *Le Même*. Tête à droite. DIVUS. LUDOVICUS. REX. FRANCORUM. Sans revers.

7 cent.

98 — **Louis XII** de France (1515). Tête à droite. FELICE. LUDOVICO. REGNANTE. DUODECIMO. CESARE. ALTERO. GAUDET. OMNIS. NATIO. ℞. Tête à gauche d'Anne de Breta-

gne. LUGDUN. REPUBLICA. GAUDETE. BIS. ANNA. REGNANTE. BENIGNE. SIC. FUI. CONFLATA. 1499.

11 cent.

22
Rollin

99 — **François Ier** de France (1547). Tête à gauche. Sans légende. R. François Ier à cheval.

10 cent.

62
Rollin

100 — *Le Même.* Tête à droite. FRANÇOIS. DUC. DE. VALOIS, COMTE. D'ANGOLESME, AN. X. (AN. DS. CA.). R. Salamandre. NUTRISCO. ALBUONO. STINGO. EL. REO. MCCCCIIII.

7 cent.

67
Chabouillet

101 — *Le Même.* Tête à droite. FRAN. DUX. VALESIE. COMES. ENGOLESMEN. R. Salamandre. VITA. ET. MORS.

3 cent.

102 — *Le Même.* Tête à gauche. FRANCISCUS. FR. REX. Sans revers.

5 cent.

30
Rollin

103 — *Le Même.* Tête à gauche. Sans légende ni revers.

4 cent.

104 — *Le Même.* Tête à gauche. FRANCISCUS. PRIMUS. FR. INVICTISSIMUS. R. Victoire et Mars couronnant François Ier. VIRTUTI. REGIS. INVICTISSIMI.

4 cent.

16
Leroux

105 — *Le Même.* Tête à gauche. FRANCISCUS. I. FRANCORUM. REX. R. Tête à gauche. FRANCISCUS. I. FRANCORUM. REX. Dorée.

5 cent.

106 — *Le Même*. Tête à gauche. FRANCISCUS. I. FRANCORUM.
REX. R'. Cavalier terrassant la Fortune. FORTUNAM. VIRTUTE.
DEVICIT. Sous le cheval BENEVENUT. (Ben. Cellini.)

4 cent.

107 — *Le Même*. Tête à gauche, de trois quarts. FRANCISCUS.
FRANCORUM. REX. C. Dorée. Sans revers.

4 cent.

108 — *Le Même*. Tête à gauche, de trois quarts. FRANCISCUS. I.
FRANCORUM. REX. C. R'. Salamandre.

4 cent. 1/2.

109 — *Le Même*. Tête à gauche, de trois quarts, avec une
toque à plume. FRANCISCUS. I. DE FRANCORUM. REX. 1537.

11 cent.

110 — **Henri II**, de France (1559). Tête à droite. HENRICUS.
II. GALLIARUM. REX. INVICTISS. P. P. R'. Couronne de lau-
rier. RESTITUTA. REP. SENENSI. LIBERTATIS. OBSID. MEDIO-
MAT. PARMA. MIRAND. SANDAMI. ET. RECEPTO. HEDINIO. ORBIS.
CONSENSU. 1552.

5 cent.

111 — *Le Même*. Tête à droite. HENRICUS. D. G. FRANCOR. REX.
R'. Renommée sur un globe. SUA. CIRCUIT. ORBE. FAMA. 1559.

3 cent

112 — *Le Même*. Tête à droite. HENRICUS. II. GALLIARUM. REX.
INVICTISS. P. P. R'. Deux rois et leurs armées en présence.
Victoire au-dessus.

6 cent.

113 — *Le Même*. Tête à droite. HENRICUS. II. FRANCORUM. REX. INVICTISS. P. P. ℞. La France sur un char avec l'Abondance et la Gloire. TE. COPIA. LAURO. ET. FAMA. BEARUNT. (NUIA.) Doré.

5 cent.

114 — **Henri II** et **Catherine de Médicis**. Tête à droite. HENRICUS. II. GALLIARUM. REX. INVICTISS. P. P. ℞. Tête à gauche. KATHARINA. DE. MEDICIS. REGINA. FRANCORUM.

5 cent.

115 — **Henri II**, de France. Tête à droite. HENRICUS. II. REX. FRANCORUM. Sans revers.

6 cent.

116 — *Le Même*. Silhouette dorée, tête à gauche.

6 cent.

117 — Tête à droite. HENRICUS II. GALLIARUM. REX. INVICTISS. P. P. ℞. Char triomphal portant trois figures allégoriques. OB. RES. IN. ITAL. GERM. ET. GALL. FORTITER. AC. FELIC. GESTAS. EX. VOTO. PUB. 1552.

5 cent.

118 — **Henri II, Catherine de Médicis et Charles IX**. Têtes en regard d'Henri II et Catherine. HENRICUS. II, GALLOR. REX. INVICTISS. ET. CATHARINA. EJUS. UXOR. ℞. Tête à droite. CAROLUS. IX. GALLOR. REX. EORUM. FILIUS.

4 cent.

119 — **Charles IX** (1574). Tête à gauche, avec la toque,

fraise et collier. CAROLUS. IX. FRANC. REX. CHRISTIANUS. 1573.

12 cent.

120 — *Le Même*. Sur un trône, avec un sceptre et un glaive. VIRTUS. IN. REBELLES. ℞. Couronne et écusson. PIETAS. EXCITAVIT. JUSTITIAM. 24 AUGUSTI. 1572. (Saint-Barthélemy.)

4 cent.

121 — *Le Même*. Pour la saint Barthélemy. Charles sur son trône, avec un sceptre et un glaive. VIRTUS. IN. REBELLES. ℞. Couronne et écusson. PIETAS, etc. Argent.

4 cent.

122 — *Le Même*. Tête à droite. CAROLI. VIIII. FRANCORUM. REGIS. ℞. Charles à cheval et sous un dais. ADVENTUS. LUT. 1571.

3 cent. 1/2.

123 — *Le Même*. Tête à droite. CAROLUS. DEI. G. FRANCORUM. REX. CHRIS. ℞. Char et figures allégoriques. EX. VOTO. PUB. 1568.

4 cent.

124 — *Le Même*. Tête à droite. CAROLUS. IX. GALLIAR. REX. Sans revers.

4 cent.

125 — *Le Même*. Tête à droite. CAROLUS IX. GALLIARUM. REX. CHRISTIANUS. 1565. ℞. Tête à gauche. KATHARI. REGIN. HENRI II. UXOR. FRANCIS. ET. CAROL. REGUM. MATER.

4 cent.

126 — *Le Même.* Tête à droite. CAROLUS. IX. D. G. FRANCOR. REX. ℞. Minerve emportant des colonnes. MAJOR ERIT. HERCULE.

5 cent.

127 — **Catherine de Médicis** (1589). Tête à gauche. KATHARIN. D. G. FRANCORUM. REGINA. 1589. ℞. Brasier et larmes. ARDOREM. EXTINCTA. TESTANTUR. VIVERE. FLAMMA.

5 cent.

128 — *La Même.* Tête à gauche. KATHARINA. DE. MEDICIS. REGINA. FRAN. Sans revers. Plomb.

5 cent.

129 — *La Même.* Tête à gauche, de trois quarts. KATHARI. REGIN. HENRI. II. UXOR. FRANCI. CAROL. ET. HENRI. REGUM. MATER. Sans revers.

16 cent.

130 — Tête à droite. Sans légende ni revers. Ovale.

4 cent.

131 — **Henri III** et **Catherine de Médicis** (1589). Tête à droite. HENRICUS. III. D. G. FRANCORUM. ET. POL. REX. ℞. Tête à gauche. KAT. HENRI. II. UX. HENRI. III. FRANC. ET. POL. REG. MAT. AUG. Argent.

4 cent.

132 — **Henri III**, de France (1589). Tête à droite. HENRICUS. III. FRANCORUM. ET. POL. REX. 1579. ℞. FOEDERE. CUM. HELVETIIS. ET. RHAETIS. RENOVATO. MDLXXXII.

4 cent.

133

133 — *Le Même.* Tête à droite. HENRICUS. III. D. G. FRANCOR. ET. POL. REX. 1579. ℞. Henri à cheval. TALIS. ALEXANDRI. TIGRIN. SUPERANTIS. IMAGO. Dorée.

3 cent.

134 — *Le Même.* Tête à droite, de trois quarts. HENRICUS. III. D. G. FRANC. ET. POL. REX. D. 73. Sans revers.

16 cent.

25
Armand

135 — *Le Même.* Henri conférant l'ordre du Saint-Esprit. HENRI III DE CE NOM, ROY DE FR. ET DE POLOGNE, AUTHEUR ET SOUVERAIN DE L'ORDRE DES CHEVALIERS DU SAINT-ESPRIT. Sans revers.

12 cent.

70
Rollin

136 — **Charles X**, cardinal de Bourbon (1590). Tête à gauche. CAROLUS. X. D. G. FRANCORUM. REX. ℞. Le cardinal à genoux devant l'autel, main tenant une couronne. OMNIA. IN. MANU. DOMINI.

6 cent.

41
gariel

137 — *Le Même.* Tête à gauche. CAROLUS. X. D. G. FRANCORUM. REX. 1590. ℞. Autel. crosse, calice et couronne. REGALE SACERDOTIUM.

3 cent.

138 — **Henri IV**, de France (1610). Tête à droite. HENRICUS. IIII. D. G. FRANCORUM. ET. NAVARAE. REX. (1606. G. DUPRÉ). Sans revers.

12 cent.

30
Rollin

139 — **Henri IV et Marie de Médicis**. Tête à droite.

45
Rollin

HENRICUS. IIII. D. G. FRANC. ET. NAVAR. REX. 1601. ℞. Tête à gauche. MARIA. DE. MEDICIS. REG. FRANC. 1601. Dupré.

4 cent.

140 — **Henri IV**, de France (1610). Tête à droite, de trois quarts. Ovale. Sans légende ni revers.

9 cent.

141 — *Le Même.* Silhouette à droite. Plomb.

10 cent.

142 — *Le Même.* Deux têtes accolées à droite. HENR. IIII. R. CHRIST. MARIA. AUGUSTA. 1603. ℞. Henri et Marie se donnant la main au-dessus d'un enfant. PROPAGO. IMPERI. 1603. Dorée.

7 cent.

143 — *Le Même.* Tête à droite. HENRICUS. IIII. D. G. FRAN. ET. NA. REX. ℞. Couronne, écussons, glaive. VICTORIA. YVRIACA. Dorée.

5 cent. 1/2.

144 — *Le Même.* Tête à droite. HENRI LE BIEN AIMÉ. En seconde légende LYON RENTRÉE SOUS L'OBÉISSANCE DU ROI. 1594. PAR JACQUET ÉCHEVIN. Plomb. Sans revers.

4 cent.

145 — *Le Même.* Tête à droite. HENRICUS. IIII. D. G. FRANC. ET. NAVAR. REX. 1604. ℞. Henri IV un sceptre à la main, Marie de Médicis portant une corne d'abondance, bustes entre eux. MAJESTAS. MAJOR. AB. IGNE. 1604.

5 cent. 1/2.

145bis La même en argent. 5 cent. 1/2.

146 — *Le même.* Tête à gauche. HENRICUS. IIII. D. G. FR. ET. N. REX. R̊. Fontaine, amour sur un dauphin. OTIA. NOBIS. FECIT. HAEC. 1605. Ovale.

5 cent.

40 Chabouillet

147 — *Le même.* Tête à gauche avec la couronne de fer. H. IIII. FRAN. NAVAR. REX. R̊. Le roi sur un cheval ailé, combattant l'hydre. TERGEMINIS. FULGET. HONORIBUS.

4 cent. 1/2.

148 — **Anne d'Autriche** (1666). Tête à droite. ANNA. AUS-TRIACA. FRANC. ET. NAVARE. REGINA. Sous le buste, FLOREN-TIN. R̊. Tournesols, couronne dans le ciel. NON. EST. MOR-TALE. QUOD. OPTO.

5 cent.

40 Piot

149 — *La même.* Tête à droite. ANNA. AUGUS. GALLIAE. ET. NAVARAE. REGINA. Sous le buste, D. G. DUPRÉ. 1610. Dorée. Sans revers.

6 cent.

150 — *La même.* Tête à droite. ANNA. AUGUSTA. GALLIAE, etc. R̊. Buste à droite de Louis XIII. LUDOVIC. XIII. D. G. FRANC., etc.

6 cent.

20 Rollin

151 — **Louis XIII** de France (1643). Tête à droite. LUD. XIII. D. G. FRANCORUM. ET. NAVARAE. REX. 1624. R̊. Monument. POSCEBANT. HANC. FATA. MANUM. 1624.

4 cent.

4 gariel

152 — *Le même.* Tête à droite de Louis, avec arc et carquois.

34 id

LUDOVICUS. XIII. REX. CHRISTIANISS. ℞. Louis perçant un dragon d'une flèche. SIC. CONTERET. HOSTES. CDDCXVII.

(Varin.) 5 cent.

153 — *Le même.* Tête à droite. LUDOVICUS. XIII. D. G. FRANCORUM. ET. NAVAR. REX. ℞. Balance. CONSILII. CAELI. QUE. FIDEM. PRAESTAMUS. IN. AEQUO. 1615.

(Varin.) 6 cent.

154 — *Le même.* Tête à droite. LOYS. XIII. ROI. DE. FRANCE. ET. DE. NAVARE. 1610. ℞. EN. L'AN. PREMIER. DU. REGNE. DE. LOYS. XIII. ROI. DE. FRANCE, etc.

3 cent.

155 — *Le même.* Tête à droite. LUDOVIC. XIII. REX. CHRISTIANISS. PIUS. JUSTUS. FEL. AUG. CDDCXXVII. ℞. Louis XIII sur une colonne, vaisseau dans le fond. VICTIS. FUSIS. FUGATIS. TERRA. MARI. Q. ANGLIS. 1627.

4 cent.

156 — **Louis XIII, Marie de Médicis** (1643). Tête à droite de Louis XIII en guerrier. ℞. Tête à droite de Marie de Médicis en guerrière. Sans légende. Ovale.

6 cent.

157 — **Louis XIII** de France (1643). Tête à droite. LUDOVIC. XIII. D. G. FRANCORUM. ET. NAVARAE. REX. ℞. Vaisseau voguant. DE. LA. 3. Pce DE Mr. DE BAILLEUL PRÉSIDt AU PARLEMENT. 1628.

4 cent.

158 — *Le même.* Tête à droite. LUDOVIC. XIII. FRANCOR. ET.

NAVARAE. REX. 1624. R'. La Justice assise. UT. GENTES. TOLLAT. PRAEMAT. QUE.

159 — *Le même.* Tête à droite. PRO. SCEPTRIS. ARAS. DAT. TEL-LUS. ET. DEUS. ASTRA. R'. Monument. LUDOVICUS. XIII. D. G. FRANCOR. ET. NAV. REX. FUNDAVIT. ANNO. MDCXXVII.

6 cent.

160 — *Le même.* Tête à droite. VICIT. UT. DAVID. AEDIFICAT. UT. SALOMON. 1627. R'. Croix. D. O. M. S. LUDOVICO, etc.

6 cent.

161 — *Le même.* Tête à droite. LUDOVICUS. XIII. D. G. FRAN-CORUM. ET. NAVARAE. REX. 1624. R'. Navire. AT. QUE. TUIS. STARET. INANIMIS. AQUIS.

5 cent.

162 — *Le même.* Tête à droite. LUDOVICUS. XIII. REX. GALLIAR. ET. NAVARR. HENRI. MAGNI. FIL. PIUS. FEL. AUG. R'. Cha-pelle. SACRA. BEARNIS. RESTITUTA. CIƆIƆCXX.

3 cent. 1/2.

163 — *Le même.* Tête à droite. LUDOVIC. XIII. REX. CHRISTIA-NISS. PIUS. JUSTUS. FEL. AUG. CDDCXVII. R'. Louis en dieu Mars. MARTI. FRANCORUM. PACIFERO. DUELLOR. BARBARIE. SUBLATA.

4 cent.

164 — **Louis XIII** de France, **Marie de Médicis** (1643). Deux têtes accolées. LUDOVIC. XIII. REX. CHR. TH. MARIA. MEDICEA. AUGUST. (Dupré.) Sans revers.

5 cent.

50
gaziel

165 — *Le même.* Tête à droite. LUDO. XIII. D. G. FR. ET. NAVAR. REX. CHRIS. 1613. ℞. Junon assise sur l'arc-en-ciel. DAT. PACATUM. OMNIBUS. AETHER. 1613. Argent.

6 cent.

17
Kleber

166 — *Le même.* Tête à droite. LUDOVIC. XIII. D. G. REX. CHR. GALL. ET. NAVAR. HENRI. MAGNI. FIL. P. F. AUG. (G. DUPRÉ. FECIT. 1610.) ℞. Enfant portant un globe surmonté d'une croix, femme lui présentant un laurier. ORIENS. AUGUSTI. TUTRICE. MINERVA. ANNO. NAT. CHR. CIƆIƆCX. Ovale.

6 cent.

6
Rollin

167 — **Louis XIII** de France, **Louis XIV** (1643). Tête à droite. LUDOVICUS. XIII. D. G. FR. ET. NAV. REX. Tête à droite. LUDOVICUS. XIII. D. G. FR. ET. NAV. REY.

4 cent.

168 — *Le même.* Tête à droite. LUDOVICUS. XIII. FRANCORUM. ET. NAVARRAE. REX. 1620. ℞. Louis en Hercule. NON. MARE. NON. MONTES. FAMAM. SED. TERMINAT. ORBIS. (Varin.)

Piot
10

169 — **Marie de Médicis**, reine de France (1642). Tête à gauche. MARIA. DEI. GRATIA. FRANC. ET. NAVAR. REGINA. ℞. Couronne et lauriers. SECULI. FELICITAS. 1610.

12 cent.

8
Rollin

170 — *La même.* Tête à droite. MARIA. AUG. GALL. ET. NAVAR. REGIN. ℞. Marie, entourée des divinités de l'Olympe, tient un globe et un sceptre. LAETA. DEUM. PARTU. (Dupré.)

5 cent.

171 — *La même*. Tête à droite. MARIA. AUG. GALLIAE. ET. NA-
VARRAE. REGINA. R'. Marie sur une galère. DEOS. SERVANDO.
DEA. FACTA. (Dupré.)

6 cent.

172 — *La même*. Tête à gauche. MARIA. DE. MEDICIS. FR. ET.
NA. REGINA. MATRIS. DOMINI. FAMULA. (Florentin.) R'.
REGINAE. DEI. MATRI. MATRIS. REGUM, etc.

7 cent.

173 — *La même*. Tête à droite. MARIA. MEDICEA. FRANC. ET. NA-
VAR. REGINA. REGENS. CDDCXI. R'. Galère portant Marie et
Louis. TANTI. DUX. FEMINA. FACTI.

8 cent.

174 — *La même*. Tête à droite. MARIA. AUGUSTA. GALLIAE.
ET. NAVARRAE. REGINA. (G. DUPRÉ. FECIT. 1614.) Sans
revers.

10 cent.

175 — **Louis XIV** de France (1715). Buste. Sans légende
ni revers. Ovale.

9 cent.

176 — **Louis XIV** de France, **Marie-Thérèse** (1715).
Tête à droite. LUD. XIIII. D. G. FR. ET. NAV. REX. Sous le
buste, WARIN. R'. Tête à droite. MAR. THER. D. G. FR. ET.
NAV. REG.

3 cent. 1/2.

177 — **Louis XIV** et **Anne d'Autriche**. Tête à droite.
LUDOVICUS. XIIII. D. G. FR. ET. NAV. REX. (WARIN. 1643.) Tête
à droite. ANNA. D. G. FR. ET. NAV. REG.

5 cent.

Semblable à la précédente. 2 cent 1/2.

22
Kleber

178 — *Les Mêmes.* Buste d'Anne tenant Louis XIV enfant dans ses bras. ANNA. D. G. FR. ET. NAV. REG. RE. R. MATER. LUD. XIV, etc. ℞. Le Val-de-Grâce. OB. GRATIAM. DIEI. DESI-DERATI. REGII. ET. SECUNDI. PARTUS. QUINTO. CAL. SEPT. 1638.

9 cent.

FRANCE

PERSONNAGES ILLUSTRES

3
Rollin

179 — **François d'Alençon** (1584). Tête à droite. FRAN-ÇOYS. DUC. D'ANJOU. ET. D'ALENÇON. FILZ. DE. FRANCE. ℞. Soleil. FAVET. ET. DISCUTIT.

3 cent. 1/2.

15
Rollin

180 — **Georges d'Amboise** (1510). Tête à gauche. Sans légende ni revers.

3 cent.

20
payé

181 — *Le même,* aumônier de Louis XI (1510). Tête à gauche. GEORGIUS. D'AMBOISE. S. R. E. CARD. ℞. Tiare et clefs sur une tombe. TULIT. ALTER. HONORES. 1503.

6 cent.

45
Rollin

182 — **René d'Anjou** et **Jeanne de Laval** (1480). Deux têtes à droite. CONCORDES. ANIMI. JAM. CECO. CARPI-MUS. IGNI. ET. PIETATE. GRAVES. ET. LUSTRIS. LILII. FLORES. ℞. René rendant la justice sur la place publique. OPUS. PETRI. DE. MEDIOLANO. MCCCCLXII.

10 cent. 1/2.

5
Rollin

183 — **Pierre d'Argencourt** (1641), maréchal de ba-

taille. Tête à droite. P. D. C. S. D'ARGENCOURT. MARECH.
DE. BATTAILLE (G. DUPRÉ. 1630). R'. Glaive et bouclier.
INFERT. ET. SUSTINET.

6 cent. 1/2.

184 — **Charles d'Aubespine** (1653), garde des sceaux.
Tête à gauche. CAROLUS. DE. L'AUBESPINE. CUST. SIGILLI.
GALLIAE. MARC. DE. CHASTEAUNEUF. 1653. R'. La Justice,
assise; dans le ciel, Mercure et une femme portant une
couronne, volant vers le temple de la Gloire. HOC. MONU-
MENTUM. DABIT. NOMEN. AETERNUM.

9 cent.

12
Hamburger

185 — **Nicolas de Bailleul** (1662), surintendant des
finances. Tête à droite. NICO. DE. BAILLEUL. PROPRAET.
URB. ET. PRAEF. AEDIL. CURANTE. 1623. R'. Nymphe couchée près d'une source. AETERNAS. PRAEBET. LUTETIA.
FONTES. (Dupré.)

5 cent.

37
Charvet

186 — **François de Bassompierre**, maréchal de
France (1646). Tête à droite. FR. A. BASSOMPIERE. FRAN-
POLEM. GLIS. HELV. PRAEF. R'. Phare, étoiles et vaisseau.
QUOD. NEQUEUNT. TOT. SIDERA. PRAESTAT. 1633. (Dupré.)

5 cent.

28
Rollin

187 — **René de Birague**, conseiller au parlement, né à
Milan. Tête à droite. RENATUS. BIRAGUS. FRANCIAE. CAN-
CELLARIUS. ANNO. AETATIS. SUAE. LXX. Sans revers.

16 cent.

102
Armand

188 — **Théodore de Bèze** (1605). Tête à gauche, de trois
quarts. THÉODORE. DE. BÈZE. Sans revers.

5 cent.

25
Rollin

189 — *Le même* (1605). Tête à droite. ANNO. AETATIS. 56. Plomb. Sans revers.

5 cent.

190 — **Pomponne de Bélièvre**, surintendant des finances (1607). Tête à gauche. POMPONIUS. DE. BELIEVRE. FRANCIAE. CANCEL. AET. 71. (N. G. 1. F. 1601). ℞. La Justice et la Piété. COLIT. HANC. RIGIDE. MODERATUR. ET. ISTAM. PIE. ACQ. PUB.

5 cent.

191 — **Jacques Boiceau** de la Baroderie, surintendant des jardins royaux (1690). Tête à droite. JACQUES. BOICEAU. Sʳ. DE. LA. BARAUDERIE. (EX. AB. DUPRÉ. 1624.) ℞. Chenilles et papillons. NATUS. HUMI. POST. OPUS. ASTRA. PETO.

7 cent.

192 — *Le même* (1690). Tête à droite. JAC. BOICEAU. S. D. L. BARODERYE. IN. D. JARDINS. DU ROY. 1630. ℞. L'Agriculture, les jardins du roi. AGRICULTURA. HIC. LABOR. INDE. FAVOR.

4 cent. 1/2.

193 — **Thomas Bohier**, chambellan de Charles VIII, Louis XII, François Iᵉʳ (1524). Tête à droite. THOMAS. BOHIER. GENERAL. DE. NORMANDIE. MCCCCCIII. ℞. Écusson : s'IL. VIENT. A. POINT.

6 cent.

194 — **Pierre d'Albret** de Navarre (1572). Tête à gauche. PETRUS. ALLEBRETUS. DE NAVARA. SER. NAVAREN. REG. FIL.

AETAT. S. XXXXIV. Écusson dans le champ. ℞. La Fortune debout. UBI. MAGIS. IBI. MINUS.

10 cent.

195 — **Antoine de Bourbon** (1562). Tête à droite. ANTONIUS. DEI. G. REX. NAVARE. ℞. Le roi aidant un travailleur à se relever. REX. CONSERVATOR. PROVIDENTIA. 1559.

3 cent.

196 — *Le même*. Tête à gauche. ANTONIUS. REX. NAVARRAE. DEI. G. ℞. Main sortant d'un nuage pour présenter une couronne à Antoine de Bourbon. AUXILIUM. MEUM. A. DOMINO. IN. FIL. HOM. NON. EST. SALUS. 1562.

4 cent.

197 — **Jeanne de Navarre** (1572). Tête à droite. Sans légende ni revers.

5 cent.

198 — **Marguerite de Navarre**. Tête à droite. MARGAR. NAVARR. DUCISSA. LOTH. ET. MARCHION. Sans revers.

4 cent.

199 — **Henri de la Tour d'Auvergne**, duc de Bouillon (1623). Tête à gauche, de trois quarts. HENRI. DE. L. TOUR. DUC. DE. BUIL. P. S. DE. SED. Sans revers.

9 cent.

200 — **Charles II de Cossé**, duc de Brissac, maréchal de France (1621). Tête à droite. CA. D COSSÉ. DUX. D. BRI -

SAC. PAR. AC. MARESC[l]. FRANCIAE. ℞. Scie fendant un rocher. TEMPORE.

4 cent. 1/2.

201 — **Robert Briçonnet,** archevêque de Reims (1497). Tête à droite. ROB. BRIÇONET. AR. DUX. REMEN. PRIMUS. PAR. FRANCIAE. ℞. MARCET. SINE. ADVERSARIO. VIRTUS.

6 cent.

202 — **Pierre Briçonnet,** conseiller du roi (1509). Tête à droite. PETRUS. BRIÇONNET. MILES. FRANCIAE. GENERALIS. MCCCCCIII. ℞. Deux enfants portant une corne d'abondance. DITAT. SERVATA. FIDES.

6 cent.

203 — *Le même.* Sans revers.

7 cent.

204 — **Martin Bucer,** né à Schelestadt, dominicain, puis ministre réformé (1551). Tête à gauche. MARTINUS. BUCERUS. MINISTER. EVANGELIQ. N. J. CHRISTI. AETATIS. SUAE. LVI. ℞. NIHIL. JUDICO. ME. SCIRE. QUA. ETC. MDXXXXVI.

4 cent.

205 — **Jean Calvin,** né à Noyon (1564). Tête à droite. IOANNES. CALVINUS. 1560. Ovale. Sans revers.

4 cent.

206 — *Le même.* Plomb.

4 cent.

207 — **Louis Lefevre de Caumartin,** garde des sceaux (1623). Tête à droite. M. L. LEFEVRE. DE. CAUMARTIN. CH[ler].

GARDE. DES. SCEAUX. DE. FR. Sous le buste, T. BERNARD. F.
R'. La Justice dans son temple. HIC. PIETAS. HIC. PRISCA.
FIDES.

8 cent.

208 — Charles le Téméraire (1471). Tête à droite. DUX.
BURGUNDUS. CAROLUS. R'. Bélier. JE. L'AI. EMPREINS. BIEN.
LN. AVEINGNE.

4 cent.

30
gariel

209. — Joachim de Châteauvieux, capitaine de la
Bastille (1615). Tête à droite. JOACHIM. A. CASTROVETERI.
COMES. CONFLUENTIS. Sans revers.

4 cent. 1/2.

38
Charvet

210 — Henri de Bourbon, prince de Condé, et **Marie-
Charlotte**, sa femme (1646). Tête à droite. H. BORBON.
CONDAEUS. PRIM. REGIAE. FRANC. DOMUS. PRINCEPS. 1611.
R'. Tête à droite. CAR. MAR. MONMORANTIA. PRINCIP. CON-
DAEI. UXOR. (Dupré.)

7 cent.

25
de Brissac

211 — Madeleine de Créqui, duchesse de Villeroi (1675).
Tête à droite. MAGDELENE. DE. CRÉQUY. MARÉCHALE. DE.
FRANCE. (Warin. 1651.) Sans revers.

10 cent.

20
Rollin

212 — Philippe Croppet, échevin de Lyon (XVIIe siècle).
Tête à droite. PHIL. CROPPET. IN. ARCHIEP. LUG. ET. ABBAT.
ATHEN. JUDEX. (Warin. 1651.) Sans revers.

10 cent.

10
gariel

213 — Charles Delorme (1680). Tête à droite. CAROL.

37
Charvet

DELORME. REG. CONS. ET. MED. ORDINARIOR. PRIM. AET. 1628. R'. Esculape au milieu de personnages gisant à terre. DIIS. DEBITI. POTUERE. Ovale. (Dupré.)

5 cent. 1/2.

214 — **Jean Dumas**, seigneur de Lisle. Tête à gauche. JO. DUMAS. CHEVALIER. S'. DE. LISLE. ET. DE. RANNE-GON. CHAMBELL. DU. ROI. R': Guerrier à cheval. PRESIT. DECUS.

215 — **Antoine Ruzé**, marquis d'Effiat (1632). Tête à droite. A. RUZÉ. M. D'EFFIAT. ET. D. LONJUMEAU. Surint. des finances. R'. D'Effiat remplaçant Atlas qui porte le globe. QUIDQUID. EST. JUSTUM. LEVE. EST. 1629. (Dupré.)

7 cent.

216 — **Jean II, marquis d'Épinay** (XVIᵉ siècle). Tête à gauche. JEHAN. MARQUIS. D'EPINAI. COMTE. DE. DURESTAL. R'. Lion au pied d'un arbre entouré d'un lierre. SIC. JUNCTI. SUMUS. AMORE. HOS. DUOS. CONSERVO. 1578. (ANT. FO. F.)

5 cent.

217 — **Jean de la Valette**, duc d'Epernon (1642). Tête à gauche. IO. LUD. DE. LA. VALETTE. DUX. ESPERN. PAR. ET. TO. PED. FR. PRAEFEC. R'. Roc battu par la tempête. ADVER-SIS. CLARIUS. (POL E. F. 1606.)

5 cent.

218 — *Le même* (1642). Tête à droite. J L. A. VALETTA. D. ES-PERN. P. ET. TOT. GAL. PEDIT. PRAEF. R'. Furie portant deux

torches, poursuivant un lion. INTACTUS. UTRINQUE (G. Duprè. F. 1609).

6 cent.

219 — **Érasme Didier** (1536). Tête à gauche. THN KPEIT-ΤΩ ΤΑ ΣΥΓΓΡΑΜΜΑΤΑ. etc. Sous le buste, 1510.

10 cent.

220 — **Claude Expilli**, procureur général à Grenoble. Tête à gauche, de trois quarts. CLAUD. EXPILLI. COM. CON-SIST. S. D. PRAES. 1630. ℞. Oiseau sur un arbre mort. NEC. GEMERE. CESSABIT. 1630. (OLIER.)

5 cent.

221 — **Claude Expilli** (1636). Tête à droite. CLAUD. EXPILLI. COM. CONSIST. S. D. PRAES. (DUPRÉ. 1636.) ℞. Oiseau sur un arbre mort. NEC. GEMERE. CESSABIT.

5 cent.

222 — **La belle Féronnière** (XVIe siècle). Silhouette à gauche, de trois quarts. Dorée.

6 cent.

223 — **Joseph Ferrier** (XVIIe siècle). Tête à droite. JOSEPH. FERRERIUS. VICE. LEG. AVENION. A. D. MDCIX. ℞. Vue de la ville d'Avignon. QUOS. DAT. AVEN. CLAVES. ROMA. DABIT. QUONDAM.

5 cent. 1/2.

224 — **Michel Filleul de Blois** (XVIIe siècle.) Tête à gauche. MICHAEL. FILLEVL. N. V. BLAESES. ΤΗΡΩΝ. ΕΙΗ. ΜΟΙΡΑ. ℞. Cabinet de travail. MINERVAE. ET. MVSIS. ∞ IƆC.

6 cent.

225 — **François,** fils aîné de François Ier (1536). Tête à gauche. FRAN. DELPHII. BRITA . DUX. Sans revers.

6 cent.

226 — **Claude Frère,** président du Parlement de Grenoble (XVIIe siècle). Tête à gauche. CLAUDE. FRÈRE. PR. PRAES. SEN. GRA. 1604. (OLIER. F.) ℞. Main arrosant un lis. FRUOR. DUM. FAVEO.

4 cent. 1/2.

227 — **Charles de Gonzague,** duc de Nevers et Rhetel (1637). Tête à droite. CAROLUS. DUX. NIVERNEN. ET. RHETE-LEN. P. FRANCIAE. (G. DUPRÉ. 1608). ℞. Soleil au zénith. NEC. RETROGRADIOR. NEC. DEVIO.

5 cent.

228 — **Claire de Gonzague,** duchesse de Montpensier (1503). Tête à droite. CLARA. DE. GONZ. COMITI. MONTEPEN-SERII. ET. DELPHINA. ALVIE. Sans revers.

6 cent.

229 — **Michel de l'Hôpital** (1573). Tête à gauche. M. OSP. FRAN. CANCEL.. ℞. Tour battue par les flots. IMPAVIDUM. FERIENT. RUINAE. Dorée.

3 cent.

230 — **Henri de Longueville** (1663). Tête à gauche. H. D'ORLEAS. D. D. LOGUEVILLE. CO^{te}. SO^{rain}. D. NEUCHASTEL. AAGÉ. DE. 16 ans. ℞. Hercule étouffant les serpents. HEN-RICUS. AURELIUS. VIS. VERNA. HERCULIS.

6 cent.

231 — **Louis Ier de Lorraine**, cardinal de Guise (1578). Tête à gauche. Sans légende ni revers.

5 cent.

232 — **Christine de Lorraine**, grande-duchesse de Toscane (1637). Tête à droite. CHRISTIANA. PRINC. LOTH. MAG. DUX. HETRUR. Sans revers. (Dupré.)

10 cent.

233 — *La même*. Tête à droite. CHRISTIANA. PRINC. LOTHAR. MAG. DUX. HETR. 1592. R̃. Epi sorti de terre. FRUCTUM. LUMEN. QUE. PUDORIS.

4 cent.

234 — **Charles III de Lorraine** (1608). Tête à gauche. CAROLUS. D. G. LOTERINGE. DUX. R̃. Génie volant entre le soleil et la mer. MEDIO. TUTISSIMUS. IBO.

4 cent.

235 — **Antoine, duc de Lorraine**, et **Renée de Bourbon**, sa femme (1544). Tête à droite. ANTHONIUS. D. G. LOTHAR. ET. BAR. DUX. R̃. Tête à gauche. RENATA. DE. BORBOIA. LOTHAR. ET. BAR. DUCISSA.

4 cent.

236 — **Eustache Lesueur** (1655). Tête à droite. EUSTA- CHIUS. LESUEUR. PICTOR. REGIUS. R̃. La Peinture assise devant un chevalet. ARTE. ET. LABORE.

237 — **Jean Lhuillier** (1588). Tête à droite. IO. HUILLIER. REG. A. SEC. CONS. RAT. PRAES. URB. PRAEF. 1594. R̃. Lhuillier présentant l'olivier à Henri IV. OMNIA. TUTA. VIDES. MDXCIIII.

5 cent.

238 — **Charles d'Albert**, duc de Luynes (1621). Tête à droite. CH. DALBERT. DUC. DE. LUYNES. PAIR. CONEST. ET. D. FR. Sans revers. (Dupré.)

5 cent.

239 — *Le même.* Tête à droite. CAR. DALBERT. DUX. LUINENSIS. P. FRANC. Sans revers.

4 cent.

240 — **Pierre de Maridat**, conseiller au grand conseil (XVIIᵉ siècle). Tête à droite. PETR. DE. MARIDAT. IN. MAGNO. CONSILIO. SENATOR. Sous le buste, BELLI. R⁄. Ecusson et cimier. DEXTERA. DOMINI. FECIT. VIRTUTEM. 1655.

5 cent.

241 — **Anne de Maures**. Tête à droite. ANNE. DE. MAURES. WARIN. Sans revers.

9 cent.

242 — **Jules Mazarin** (1661). Tête à droite. JULIUS. CARDINALIS. MAZARINUS. R⁄. Passage du Rhin. NUNC. ORBI. SERVIRE. LABOR. (WARIN.)

5 cent.

243 — *Le même.* Tête à droite. JULIUS. CARDINALIS. MAZARINUS. R⁄. HINC. ORDO. HINC. COPIA. RERUM. Plomb.

5 cent.

244 — **Maurice de Saxe**, né à Dresde (1750). Tête à gauche. MAURITIUS. SAXO. GALL. MARESC. GEN. D. CURL. ET. SEM. (I. D. ET. F.) Victoire au milieu d'un monceau d'armes, écrivant sur un bouclier. BELGI. GALL. PROPUG. AUST. CAP. etc. Les sujets et la légende sont dorés.

5 cent.

245 — Pierre Jeannin. Tête à droite. PETRUS. JEANNIN. REG. CHRIST. A. SACRE. CONS. ET. SAC. AERA. PRAEF. G. DUPRÉ. 1618. Sans revers.

19 cent.

— Autre semblable. 19 cent.

246 — Marie-Madeleine de Lafayette (1693). Tête à droite. M. M. PI^che. DE. LA. HA^gne. C . DE. LAFAYETTE. Sans revers.

6 cent.

**247 — *La même*. Tête à droite. M. M. PI^che, DE. LA^gne. C^esse. DE. LAFAYETTE. Sans revers.

6 cent.

248 — Jean Lautens, conseiller à Lille. Tête à droite. IOHAN. LAUTENS. CONS. ET. ME. DE. COMP. A. LILLE. AET. 67. ℞. Trois anneaux enlacés. HAUTS. AL. IN. UN. 1598.

4 cent. 1/2.

249 — Marin Lepigny (XVIIe siècle). Tête à gauche. MARI-NUS. LEPIGNY. REG. CONS. ELUM. ECCL. ORD. CANON. ARCHID. ET. MEDIC. ROTH. DECANUS. 1631. AET. 67. (P. ROBINET. MEDI-CUS. FACIEBAT.) Sans revers.

10 cent.

250 — François, duc de Lesdiguières (1626). Tête à gauche. FRANCISCUS. A. BONA. DESDIGUERIUS. AN. AE. 58. (G. DUPRÉ. F.) ℞. Deux mains jointes. IN. AETERNUM. MDC.

5 cent.

**251 — *Le même*. Tête à droite. FRAN. A. BONA. D. DESDIGUIE-

8

RUS. P. ET. COMESTABILIS. 1623. ℞. Écusson couronné.
GRADIENDO. ROBORE. FLOVET. (Dupré.) Dorée.

5 cent.

252 — **Antoine de Lomenie**, ambassadeur sous Henri IV. (1638). Tête à droite. ANT. DE. LOMENIE. CONSELLIER. ET. SECRÉTAIRE. D'ESTAT. MDCXXX. ℞. Mercure suivant le soleil. SIC. TE. MAGNE. SEQUEBOR.

5 cent.

253 — **Charles**, duc de Montansier (1690). Tête à droite. CH. DE. SAINT. MAURE. DUC. DE. MONTANSIER. G. D. M. G. LE DAUPHIN. 1677. Sans revers.

6 cent.

254 — **Anne de Montmorency** (1567). Tête à gauche. ANNAS. MOMMORANCIUS. MILITIÆ. GALLIÆ. PRÆF. ℞. Les trois grâces. PROVIDENTIA. DUCIS. FORTISS. AC. FELICISS.

5 cent.

255 — **Jean de Moulceau**, échevin de Lyon (XVIIᵉ siècle). Tête à droite. JO. DE. MOULCEAU. URBI. A. SECRETIS. ET. EXC. LUGD. (Warin, 1651.) Sans revers.

10 cent.

256 — **Jean Morelly**, auteur du Code de la nature (XVIIIᵉ siècle). Tête à droite. IO. MORELLUS. SCHOL. ERHEM. PARIS. MODERATOR. ℞. Ruche et fontaine. ROS. AENIUS. MEL. LEONE. Dans le champ, ANNAGRAMA.

7 cent.

257 — **Nicolas de Neufville**, maréchal de France (1685).

Tête à droite. NIC. DE. NEUFVILLE. MARCH. VILL. GALL.
MARESC. REG. PERS. ET. LUGD.ʳMODER. (Warin, 1651). Sans
revers.

10 cent.

258 — **Charles d'Orléans**, duc d'Angoulême, troisième
fils de François Iᵉʳ (1545). Tête à droite. CAROLUS. ENGOLIS.
DUX. ANNORUM. 14. 1535. Sans revers.

7 cent.

259 — **Gaston d'Orléans** (1660). Tête à droite. GASTON.
DE. FRANCE. ONCLE. UNIQUE. DU. ROY. Sans revers.

260 — **Paul Pellicani,** né en Alsace (1556). Tête à gauche.
PAULUS. PELLICANUS. AETATIS. S. XXX. A. MDLVI. ℞. Pélican.
FILIORM. CARITATI.

5 cent.

261 — **Diane de Poitiers** (1566). Tête à gauche. DIANA.
DUX. VALENTINORUM. CLARISSIMA. ℞. Diane terrassant
l'Amour. OMNIUM. VICTOREM. VICI.

5 cent.

262 — **André Rageau**, secrétaire de Henri II (XVIᵉ siècle).
Tête à gauche. AND. RAGELL. EXACT. REGIS. EXTRAORD.
℞. Homme ramant et regardant le soleil. ALTUM. CON-
SCENDIMUS. ALTO. 1555.

6 cent.

263 — **Armand de Rancé** (1700). Tête à droite. J. ARMAND.
ABB. DE. LA. TRAPPE. 1675. EX. IDEA. ℞. A. TE. QUID. VOLVI.
SUPER. TERRAM. Exergue, Ps. 72.

5 cent.

264 — **Alphonse de Richelieu**, cardinal de Lyon (1653). Tête à droite. ALPHONSUS. S. R. E. CARDINALIS. LUGDUNENSIS. (Warin, 1615.) Sans revers.

9 cent.

265 — **Armand de Richelieu** (1642). Tête à droite. ARMAND. IOAN. CAR. DUX. DE. RICHELIEU. Ŗ́. HOC. DUCE. TUTA. 1634. (Dupré.)

3 cent.

266 — *Le même*. Tête à droite. ARMANUS. IOAN. CARD. DE. RICHELIEU. (Warin). Ŗ́. La terre entourée du zodiaque. MENS. SIDERA. VOLVIT. 1631.

6 cent.

267 — *Le même*. Tête à droite. ARMANDUS. JOANNES. CARDINALIS. DE. RICHELIEU. Sans revers.

7 cent.

268 — *Le même*. Tête à droite. ARMANDUS. JOANNES. CARDINALIS. DE. RICHELIEU. Ŗ́. TANDEM. VICTA. SEQUOR. (Warin, 1630.)

8 cent.

269 — **Henri de Rohan**, duc et pair (1638). Tête à gauche. HENRI. ROH. DE. FR. PAR. ABM. REG. MARC. SOB. NAV. ET. SCOT. PR. Ŗ́. Tronc d'arbre et rejetons. ET. ADHUC. SPES. DURAT. AVORUM. Dupré.

4 cent.

270 — **Anne de Rohan**, poéte (1646). Tête à droite. ANNE. DE. ROHAN. PRINCESSE. DE. GUÉMENÉ. (Warin). Ŗ́. Aigle s'approchant du soleil. SPES. DURAT. AVORUM. 1638.

5 cent. 1/3.

271 — **Jacques de Sainte-Beuve** (1677). Tête à droite. JACOB. DE. SAINTE-BEUVE. DOCT. VERBO. (Bertinet, 1677). Sans revers.

8 cent.

272 — **Pierre Séguier** (1672). Tête à droite. PETRUS. SEGUIER. EQUES. FRANCIAE. NOMOPHYLAX. (Dupré). Sans revers.

7 cent.

273 — *Le même*. Tête à droite. PETRUS. SEGUIER. CANCELLARIUS. Sans revers. Plomb.

8 cent.

274 — **Nicolas Brulart**, de Sillery (1624). Tête à droite. NI. BRULARTUS. A. SILLERI. FRANC. ET. NAVAR. CANCEL. (G. DUPRÉ F.) R̃. Phœbus sur son char parcourant le globe. ACTUS. IN. ORBEM.

7 cent.

275 — **Jean de Talaru**. Tête à droite. D. JOANNES. DE. TALARU. 1518. R̃. Ange soutenant un écusson. ACCELERA UT ERUAS. ME. 1518.

5 cent.

276 — **Jacques Talon**, avocat général au Parlement (1648). Tête à gauche. JAC. TALAEUS. ENSUPR. GALLIAR. CUR. REGIS. ADVOC. GENERAL. R̃. Double tête sur une base, l'une celle de Mercure, l'autre celle de Minerve.

4 cent.

277 — **Christophe de Thou** (1582). Tête à droite. CHRISTOPHORUS. THUANUS. P. P. (J. A. PRIMA). R̃. Abeilles et ru-

ches. UT. PROSINT. ALIIS. NON. EST. SIBI. (Jacques Prima-
vera).

6 cent.

278 — **Jean,** maréchal de Toyras (1636). Tête à droite.
LE. MARESCHAL. DE. TOYRAS. (Guil. Dupré f. 1614.) ℞. Le
soleil dans les nuages. ADVERSA. CORONANT.

6 cent.

279 — **Henri,** vicomte de Turenne (1675). Tête à gauche.
PR. HENR. A. TUR. AM. VIC. TUREN. (HAMERANUS). ℞. Trois
figures debout. VIRTUS. HONOS. AEQUITAS.

5 cent.

280 — **Charles de Valois,** fils de Charles XI et de Marie
Touchet (1650). Tête à droite. CARO. VALESIUS. CAROLI.
NONI. FILIUS. 1620. ℞. Phénix. RARA. CINERE. RARAS.

5 cent.

281 — **Louise de Valois** (1532), **Marguerite de Valois,**
sa fille (1549). Tête à droite. LOYSE. DUCHESSE. DE. VALOIS.
COMTESSE. D'ANGOLESME. ℞. Tête à droite. MARGUERITE.
FILLE. DE. CHARLES. COMTE. D'ANGOLESME.

7 cent.

282 — **Heroard,** seigneur de Vaugrigneuse (1628). Tête
à droite, de trois quarts. L. HEROARD. SEIGNEUR. DE. VAUGRI-
GNEUSE. PREMIER. MÉDECIN. DU ROI. ℞. Écusson soutenu
par deux lions. JOVE. DIGNUS. APOLLINI. ARTE. etc. Arg.

4 cent.

283 — Camille de Villeroi (1693). Tête à droite. CAM. DE. NEUFVILLE. ABB. UTHAN. PROREX. LUGDUNENSIS. (WARIN, 1651.) Sans revers.

10 cent.

284 — Jacques de Vitry. Tête à gauche. D. JACOBUS. DE. VITRY. 1515. ℞. Un ange supportant un écusson. NON. CONFUNDAS. ME. AL. EXPECTATIONE. MEA.

5 cent.

285 — Simon Vouet. (Famille de) 1649. Quatre têtes en regard. FRANCISCA. IOAN. ANGELICA. LAURENTIUS. LUDOVICUS. RENATUS. VOUET, etc. Sans revers.

6 cent.

ESPAGNE

286 — Alphonse V, roi d'Aragon (1458). Tête à droite. DIVUS. ALPHONSUS. REX. TRIUMPHATOR. ET. PACIFICUS. MCCCCXLVIIII. Casque et couronne. ℞. Aigle au-dessus d'un chevreuil abattu et entouré d'oiseaux de proie. LIBERALITAS. AUGUSTA. PISANI. PICTORIS. OPUS.

11 cent.

287 — *Le Même.* Tête à droite. ALFONSUS. REX. REGIBUS. IMPERANS. ET. BELLORUM. VICTOR. Couronne dans le champ. ℞. Mars et Bellone couronnant Alphonse. MARS. ET. BELLONA. CORONANT. VICTOREM. REGNI. A l'exergue, CHRISTOPHORUS. HIERIMIA.

7 cent.

131
Caron

288 — **Henri IV**, roi de Castille et Léon (1474). HENRI-
CUS. QUARTUS. DEI. GRATIA. REX. CASTELLAE. ET. LEGIONIS.
Le roi assis sur un trône, à ses pieds un lion. ℞. La
même légende. Ecusson écartelé de Castille et Léon.

9 cent.

1 —
Piot

289 — **Philippe II** (1598). Tête à droite. PHILIPPUS. II. D.
G. REX. (JAC. TRICI. F.) ℞. Deux mains tenant un globe
avec un lien qui se romp. SIC. ERAT. IN. FATIS.

3 cent.

10
Rollin

290 — *Le même.* Tête à gauche. PHILIPPUS D. G. HISPANIARUM. ET.
ANGLIE. REX. ℞. Guerrière frappant une hydre. HINC. VIGI-
LO. 1550.

4 cent.

9
Rollin

291 — *Le même.* Tête à gauche. PHILIPPUS. HISPANIAR. ET.
NOVI. ORBIS. OCCIDUI. REX. ℞. La Paix brûlant un amas
d'armes près d'un temple. PACE. TERRA. MARIQ. COMPOSITA.
MCLIV.

4 cent.

15
Rollin

292 — *Le même.* Tête à gauche. PHILIPPUS. AUST. CAROLI. V.
CAES. F. ℞. Hercule entre le Vice et la Vertu. COLIT.
ARDUA. VIRTUS.

8 cent.

20
Armand

293 — *Le même.* Tête à droite. PHILIPPUS. REX. PRINC. HISP.
AET. S. AN. XXVIII. ℞. Phoebus sur un char. JAM. ILLUSTRA-
BIT. OMNIA.

7 cent.

294. — *Le même*. Tête à gauche. PHILIPPUS. D. G. ET. CAR. V.
AUG. PAT. BENEGNIT. HISP. REX. ℞. Philippe portant le
monde. UT. QUIESCAT. ATLAS.

4 cent.

295 — *Le même*. Tête à droite. ℞. Agneau et croix. Sans
légende.

4 cent.

296 — **Philippe IV**, roi d'Espagne (1665). Tête à droite.
PHILIPPUS. IIII. HISPANIAE. REX. ℞. Phœbus sur son char
au-dessus du globe. LUSTRAT. ET. FORET.

6 cent.

297 — *Le Même*. Tête à gauche. PHILIPPO. QUARTO. MAGNO. PIO.
PACIS. DATORI. ℞. Colonnes enlacées. LAUROS. NEC. LILIA.
SPINAE. NON. JAM. ANIMANT, etc.

5 cent.

298 — **Antoine Alvarez**. duc d'Albe (1670). Tête à droite.
ANT. ALVARES. DE. TOL. ALB. DUX. ET. IN. R. N. ℞. Femme
assise près d'une colonne, tenant un flambeau renversé.
UBI. QUE. TUTA. 1625.

5 cent.

299 — **Ferdinand**, duc d'Albe (1582). Tête à droite. FER-
DIN. TOLET. ALBA. DUX, BELG. PRAEF. 1571. ℞. Lion, cigogne
et flambeau. VITAE. USUS. DEO. ET. REGI.

4 cent.

300 — *Le Même*. Tête à gauche. FERNANDUS. TOLETO. DUX.
ALBE. (TIZ.) ℞. Deux génies portant des couronnes.
Argent.

5 cent.

301 — **Alphonse d'Avalos**. Mis du Guast (1546). Tête à gauche. ALF. DAVL. MAR. GU. CAR. G. CAR. V. IMP. Sans revers.

6 cent.

302 — *Le même.* Têteà droite. ALFON. AVAL. MAR. GUAS. CAP. GEN. CAR. IMP. R'. Captifs et palmier. AFRICA. CAPTA. C. C.

3 cent. 1/2.

303 — **Don Inigo Lopez de Mendoza** (1458). Buste à droite. ENEGUS. LOPEZ. MENDOZA. COMES. TENDILLAE. MARCHIO. MANDRIARENSIUM. AET. AN. LXX. Sans revers.

11 cent.

304 — **Gaspard Olivarès** (1643). Tête à gauche. GASP. GUZMAN. DUCI. SAN. LUC. C. OLIVAR. Sous le buste. CAR. OLTO. Sans revers.

4 cent.

305 — **Pierre Gyron**, duc d'Ossuna (1624). Têteà droite. PETRUS. GYRON. OSS. DUX. ET. URENIAE. COM. R'. Cheval en liberté. PRIMUS. ET. IRE. VIAM.

5 cent.

306 — **Louis de Portocarrero** (XXVIIe siècle). Tête à gauche. Longue légende commençant par : LUDOV. CARD. PORTO. CARRERO, etc. Signé. JO. HAMERANUS. F. MDCLXXVIII. R'. Victoire sur une colonne. HAC. DUCE. CUNCTA. PLACENT.

5 cent.

307 — **Beatrice de Rojas**. Tête à gauche. D. BEATRIX. A. ROJAS. ET. CASTRO. Sans revers.

5 cent. 1/2.

ITALIE

PAPES

308 — Urbain III (Hubert Revelli) (1187). Tête à gauche. URBANUS. III. PONT. MAX. ℞. Saint Pierre. S. PETRUS. CLAVES. REGNI. COELORUM.

4 cent.

309 — Honoré IV (Jacques Savelli) (1287). Tête à droite. HONORIUS. IIII. PONT. MAX. Saint Pierre. REGNI. COELORUM. S. PETRUS. CLAVES.

4 cent.

310 — Martin V (Othon Colonna) (1431). Tête à gauche. MARTINUS. V. COLUMNA. PONT. MAX. ℞. L'Équité. OPTIMO. PONTIFICI. ROMA.

4 cent.

311 — Pie II (Encas Sylvio Piccolomini) (1464). Tête à gauche. ENEAS. PIUS. SENENSIS. PAPA. SECUNDUS. ℞. Pélican s'ouvrant le sein. DE. SANGUINE. NATOS. ALES. AT. HEC. CORDIS. PAVT. (André de Crémone).

6 cent.

312 — Le Même. Tête à gauche. PIUS. PAPA. SECUNDUS. AENEAS. SENENSIS. ℞. Écusson et tiare. MCCCCLX. PONT. ANNO. SECUNDO.

6 cent.

313 — Paul II (Pierre Barbo) (1471). Tête à droite. PAULO.

VENETO. PAPA. II. ANNO. PUBLICATIONIS. JUBILAEI. ROMA. Ovale.
Sans revers.

8 cent.

314 — *Le même*. Tête à droite. PAULO. VENETO. PAPA. II. ITALICE.
PACIS. FUNDATORI. ROMA. Sans revers. Ovale.

4 cent.

315 — *Le même*. Tête à gauche. PAULUS. VENETUS. PAPA. ℞. La
Sagesse et des enfants. LETITIA. SCHOLASTICA. A. 60.

3 cent.

316 — *Le même*. Tête à gauche. PAULUS. II. PONT. MAX. ℞. Monument. HAS. AEDES. CONDIDIT. ANNO. CHRISTI. MCCCCLXV.

3 cent.

317 — *Le même*. Tête à droite. PAULO. VENETO. PAPA. II. ITALICE.
PACIS. FUNDATORI. ROMA. ℞. Écusson et tiare. Ovale.

4 cent.

318 — *Le même*. Tête à gauche. PAULUS. II. VENETUS. PONT.
MAX. ℞. Audience du pape. AUDIENTIA. PUBLICA. PONT. MAX.

3 cent.

319 — *Le même*. Tête à gauche. PAULUS. II. VENETUS. PONT. MAX.
℞. Écusson et tiare. HANC. ARCEM. CONDIDIT. ANNO. CHRISTI.
MCCCCLXV.

3 cent.

320 — *Le même*. 1471. Tête à gauche. PETRUS. BARBUS. CARDI-
NALIS. S. V. ℞. Écusson et chapeau de cardinal. HAS. AEDES.
CONDIDIT. ANNO. CHRISTI. MCCCCLV.

3 cent.

321

321 — **Sixte IV**. 1484. Tête à gauche. SIXTUS. IIII. PON. MAX. SACRI. CULT. R̸. Figure debout. PARCERE. SUBJECTIS. ET. DEBELLARE. SUPERBOS.. ETC. MCCCCLXXXI.

6 cent.

322 — *Le même*. Tête à gauche. SIXTUS IIII. PONTIFEX. MAXI-MUS. URBE. RESTAURATA. R̸. Audience du pape. (OPUS. VIC-TORIS. CAMELIO. VE.)

5 cent.

323 — *Le même* (François de la Rovère). Tête à gauche. SIXT. IIII. PONT. MAX. SACRI. CULTOR. R̸. Anges couronnant Sixte. AETERNA. DABUNTUR. OLYMPO. HIC. DAMUS. IN. TERRIS.

4 cent.

324 — *Le même*. Tête à gauche. SIXTUS. IIII. PONT. MAX. SACRI. CULT. R̸. PONT. CURA. RERUM. PUBLICARUM.

4 cent.

325 — **Calixte III** (Alphonse Borgia) 1488. Tête à gauche. CALIXTUS. III. PONT. MAX. R̸. Flotte sous voiles. HOC. VOVI. DEO. UT. FIDEI. HOSTES. PERDEREM. ELEXIT. ME. M. P.

4 cent.

326 — **Innocent VIII** (J.-B. Libo). 1492. Tête à gauche. INNOCENTII. JANUENSIS. VIII. PONT. MAX. R̸. Trois figures. JUSTITIA. PAX. COPIA.

8 cent.

327 — **Alexandre VI** (Borgia). 1503. Tête à gauche. ALES-SANDRO. VI. PONT. MAX. R̸. Pape murant une porte. RES-TAURAVIT. ET. CLAUSIT. ANNO. JUB. MD.

4 cent.

18
Armand

328 — *Le Même.* Tête à gauche. ALEXANDER. VI. PONT. MAX.
℞. Couronnement du pape. CORONAT.

5 cent.

121
Piot

329 — **Jules II**. 1513. Tête à droite. JULIANUS. EPS. OSTIEN.
CAR. S. P. ADVINCULA. ℞. Tête à droite. CLEMENT. DE.
RUVERE. EPS. MIMATEN.

6 cent.

15
Rollin

330 — *Le Même.* Tête à gauche. JULIUS. LIGUR. PAPA. SECUN-
DUS. ℞. Port. PORTUS. GENIUM. CELIAE. Dorée.

3 cent.

41
Armand

331 — *Le Même.* Tête à droite. JULIUS. LIGUR. PAPA. SECUNDUS.
MCCCCCVI. ℞. Saint Pierre. TEMPLI PETRI. RESTAURACIO. VA-
TICANUS. M.

5 cent.

332 — **Jules II**, Julien de la Rovère (1513). Tête à gauche.
JULIUS. SECUNDUS. PONT. MAX. ℞. Le Vatican. VIA. JUL. III.
ADIT. LON. M. ALTI. LXX. P. VATICANUS. M.

4 cent. 1/2

3,
Armand

333 — **Léon X** (1521). Tête à gauche. LEO. X. PONT. MAX.
Femme assise portant une renommée. (C. P.)

3 cent.

334 — **Léon X,** Jean de Médicis (1521). Tête à gauche. LEO.
X. PONT. MAX. ℞. La Religion brûlant des armes. SCUTA.
COBURET. IGNI.

4 cent.

335 — **Adrien VI**, Adrien Boyers, né à Utrecht, en 1459, précepteur de Charles-Quint (1523). Tête à gauche. M. ADRIAN. VAN. BOI. GHEBOREN. PARS. VA. ROMEN. 1. UTRECHT GHEBOREN. Sans revers.

8 cent.

336 — **Paul III**, Alexandre Farnèse (1549). Tête à droite. PONT. MAX. PAULUS. III. R̓. Griffon et serpent.

6 cent.

337 — **Paul III** (1549). Tête à droite. PAULUS. III. PONT. MAX. AN. XVI. Aigle, Jupiter arrosant des lis. EVPAINEI ΦΙΡΝΗ ΞΗΝΟΣ.

4 cent.

338 — *Le même*. Tête à droite. PAULUS. III. PONT. MAX. AN. XVI. R̓. Vue de Rome. ALMA. ROMA.

4 cent.

Même médaille. 4 cent.

339 — *Le même*. Femme assise. SECURITAS. P. R. R̓. PAULUS. III. PONT. MAX. ANNO. XIV. APXIEPEI TONIANI.

3 cent.

340 — **Marcel II**, né à Fano (1555). Tête à gauche. MAR-CELLUS. II. PONT. MAX. R̓. L'Abondance, la Justice et la Paix. FIAT. PAX. IN. VIRTUTE. TUA. MEMORIAE. OPTIMI. PONT.

5 cent.

341 — **Jules III**, Jean-Marie Giocchi (1555). Tête à droite.

IO. MA. DE. MONTE. ARCHIEP. SIPONT. GUBER. BONO. ℞.
Femme tenant des balances.

7 cent.

342 — *Le même*. Tête à droite. JULIUS. III. PONT. MAX. AN. JU-
BILEI. ℞. Femme tenant un épi. HILARITAS. PUBLICA.

4 cent.

343 — **Pie IV**, Jean-Ange Medici (1565). Tête à droite.
PIUS. IIII. PON. MAX. OP. ℞. Tête d'ange. VIA. PIA. ROMA.

2 cent. 1/2.

344 — **Grégoire XIII** (1585). Tête à droite. GREGORIUS.
XIII. PONT. OP. MAX. (JAC. HOL. F.) Sans revers.

7 cent.

345 — **Grégoire XIII**, Buoncompagni (1585). Tête à
droite. GREGORIUS. XIII. ANNO. JUBILAEI. (ET. DE. PARM.)
℞. Pape démolissant la porte de Saint-Pierre. DOMUS. DEI.
ET. PORTA. CAELI. 1575. Plomb.

4 cent.

346 — **Grégoire XIII** (1585). Tête à gauche. GREGORIUS.
XIII. AN. PONT. X. SOCIETATIS. JESU. GENERALE. COLLEGIUM.
EXTRUXIT. ET NOTAVIT. ℞. La Religion et quatre autres
figures allégoriques. BONAS. ARTES. ALIT. ET. VERAE. RELI-
GIONI. SUBJICIT. GREGORIUS.

6 cent. 1/2.

347. — **Léon XI**, Alexandre de Médicis (1605). Tête à gauche. LEO. XI. PONT. MAX. ANNO. 1. ℞. Lion couché, Abeilles. DE. FORTI. DULCEDO. MDCV.

3 cent.

348 — **Urbain VIII,** Matthieu Barberini (1644). Tête à droite. URBANUS. VIII. PONT. MAX. AN. XVII. MDCXXXX. R⁄. Monument. AD. AEDIUM. PONTIFICUM SECURITATEM. (G. MOL.)

4 cent.

349 — *Le même*. Tête à droite. URBANUS. VIII. PON. MAX. AN. XV. (GASP. MOL.) R⁄. Le Capitole. SUB. URBANO. RECESSU. CONSTRUCTA. ROMA.

4 cent.

350 — **Innocent X** (J.-B. Pamphili) 1655. Tête à gauche. INNOCENTIUS. X. PONT. MAX. AN. VIIII (G. M.) R⁄. Obélisque et fontaine. ABLUTO. AQUA. VIRGINE. AGONALIUM. CRUORE. Argent.

4 cent.

351 — **Alexandre VII** (Fabio Chigi) 1667. Tête à droite. ALEXANDER. VII. P. M. PIUS. JUST. OPT. SENEN. PATR. GENTE. CHIUSIUS. MDCLXIII. (TRAVANI.) Sans revers.

9 cent.

352 — **Clément X** (1676). Tête à droite. CLEMENS. X. PONT. MAX. AN. V. (IO. HAMERANUS.) R⁄. Vue de Rome, ange sonnant de la trompette. FLUENT. ADEUS. OMNES. GENTES. (Plomb.'

4 cent.

353 — *Le même*. Tête à droite. CLEMENS. X. PONT. MAX. AN. IIII. Exergue : IO. HAMERANUS. R⁄. Cérès et moissonneurs. UT. ABUNDANTIUS. HABEANT.

3 cent.

354 — *Le même*. Tête à gauche. CLEMENS. X. PONT. MAX.

9

AN. IIII. Sous le buste : LUCENT. F. ℞. Saint Pierre et saint Paul. INTERCEDITE PRO. NOBIS.

3 cent.

355 — *Le même.* Tête à droite. CLEMENS. X. PONT. MAX. AN. II. ℞. Adoration de la croix. DECOR. EJUS. GLORIA. SANCTORUM. (I. H. F.) Hamerani. Dorée.

4 cent.

356 — *Le même.* Tête à gauche. CLEMENS. X. P. M. A. I. (A. H.) ℞. La Vierge. CUM. ME. LAUDARENT. SIMUL. ASTRA. MATUTINA.

4 cent.

357 — **Innocent XI** (Benoît Odescalchi) 1689. Tête à droite. INNOC. XI. PONT. MAX. A. V. (HAMERANUS. F.) ℞. Saint Michel terrassant le dragon. IN. COELO. SEMPER. ASSISTITUR.

3 cent. et 1/2.

358 — **Alexandre VIII** (Otthoboni) 1691. Tête à gauche. ALEXANDER. VIII. OTTHOBONUS. VENETUS. PONT. MAX. ℞. Tombeau d'Alexandre VIII. PETRUS. OTTHOBONUS. S. R. E. VICECAN. PATRUO. MAG. BENEMERENTI. POSUI. MDCC. A l'exergue : COM. CAROLUS. H. S. MARTIN. INVEN.

7 cent.

359. — **Innocent XII** (Ant. Pignatelli). 1700. Tête à droite. INNOCENT. XII. PONT. MAX. A. IV. ℞. Un palais. JUSTITIAE. ET. PIETATI. CIƆIƆCVC.

3 cent.

360 — *Le même.* Tête à droite. INNOCENT. XII. PONT. MAX.

361.

(HAMERANUS. F.) ℞. La sainte Vierge et l'Enfant Jésus. SUB. TUUM. PRAESIDIUM. 1699.

4 cent.

361 — **Benoît XIII** (Vincent Orsini) 1730. Tête à droite. FR. VINC. M. PRAED. CARD. URSINO. EP. POET. ARCHIEP. B. S. P. O. B. ℞. Saint Benoît dans le ciel ; ange offrant la tiare à Benoît XIII. SECULI. QUINTI. FELICITAS.

DOGES DE VENISE

362 — **Christophe Mauro**, doge de Venise (1471). Tête à gauche. CHRISTOPHORUS. MAURO. DUX. (ANT.) ℞. Dans une couronne. RELIGIONIS. ET. JUSTITIAE. CULTOR.

4 cent.

363 — **Nicolas Marcello**, doge de Venise (1474). Tête à gauche. NICOLAUS. MARCELLUS. DUX. VENET. AETATIS. SUE. LXXVI. ℞. M. E. POPULI. PIETAS. ET. OPES. EXPONERE. etc. MCCCCLXXIII.

5 cent.

364 — **Jean Mocenigo**, doge (1485). Tête à gauche. IOANNES. MOCENIGO. DUX. Sans revers.

8 cent.

365 — **Augustin Barbarigo**, doge de Venise (1501). Tête de face. AUGUSTUS. BARBADICUS. VENETORUM. DUX. ℞. Doge et lion de saint Marc. OPUS. SPERANDEI.

9 cent.

366 — **Léonard Lauredan** (1521). Tête à gauche. LE NAR-DUS. LAUREDAN. DUX. VENETIAR. ℞. OPTIMI PRINCIPIS. ME-MORIAE.

4 cent.

367 — **André Gritti**, doge (1538). Tête à gauche. ANDREAS. GRITTI. DUX. VENETIAR. MDXXIII. R'. Église. DIVI. FRANCISCI. MDXXXIIII.

3 cent.

368 — *Le même*. Tête à droite. ANDREAS. GRITTI VENET. PRIN. AN. LXXXII. R'. Femme debout sur une sphère, tenant un gouvernail et une corne d'abondance. DEI. OP. MAX. OPE. (J. ZACCHUS. F.).

6 cent.

369 — **Gradenico**. Tête d'homme coiffée du mortier. R'. Gravé en creux. ANDREAS. GRADENICUS,

4 cent.

370 — **André Doria**, (Leone Leoni) (1560). Tête à droite. ANDREAS. DORIA. P. P. R'. Tête à droite, entourée de chaînes.

4 cent.

371 — *Le même*. Tête à droite. ANDREAS. DORIA. P. P. R'. Galère.

4 cent.

372 — **Jérôme Priuli**, doge de Venise (1567). Tête à droite. HERONNIMUS. PRIULI. VEN. DUX. R'. P. AN. VIII. ME. VI., etc.

4 cent.

373 — **Marin Grimani**, doge (1606). Tête à droite. MARIN. GRIMANUS. DUX. VENETIAR. R'. Lion de saint Marc. SYDERA. CORDIS. 1595.

5 cent.

374 — **Marc Antoine Memmo** (1615). Tête à droite. MARCUS. ANTONIUS. MEMMO. DUX. VENETIARUM. Sans revers. (Dupré).

9 cent.

375 — **Marc Antoine Giustiniani**, doge de Venise (1688). Doge recevant des Turcs à merci. PARCERE. SUBJECTIS. ET. DEBELLARE. SUPERBOS. SCIT. NOBILIS. IRA. LEONIS. ℞. Lion de saint Marc brisant des armes. EX. UTROQUE. VICTOR. Ovale.

7 cent.

DUCS DE MILAN

375 *bis*. — **Philippus-Maria Visconti** (1447). Tête à dr. PHILIPPUS. MARIA. ANGLUS. DUX. MEDIOLANI, etc. Sans revers. Pisan.

9 cent.

376 — **François-Alexandre Sforce** (1466). Tête à gauche. FRANCISCUS. SFORTIA. VICECOMES. MARCHIO. ET. COMES. AC. CREMONE. DUX. ℞. Tête de cheval, épée et livre ouvert. OPUS. PISANI. PICTORIS.

8 cent.

377 — **François Sforce** (XVᵉ siècle), **Galeas Marie Sforce** (1476). Tête à droite. FR. SFORTIA. VICECOMES. MLI. DUX. III. BELLI. PATER. ET. PACIS. AUTOR. MCCCCLVI. (V. F.) Tête à gauche. GALEAS. MARIA. SFORTIA. VICE-COMES. FR. SFORTIAE, etc.

4 cent.

378 — **Galeas Marie Sforce** (1476). Tête à droite. GALEAS. M. SF. VICE. COS. DUX. MLI. XV. ℞. Écusson, G. Z. M. CO. AC. JANVE. D. Teston d'argent.

3 cent.

379 — *Le même*. Tête à gauche. GALEAZZO. SFORZA. DUCA. DI. MILANO. Méd. long. Sans revers.

6 cent.

380 — **Louis-Marie Sforce**, dit le Maure (1510). Tête à droite. LEDOVICVS. MA. SF. VI. CO. DUX. BARI. DUC. GUBER. Ɽ. Audience, port dans le fond. OPTIMO. CONSILIO. SINE. ARMIS. RESTITUTA. Sur le trône, P. DE. CRETO.

4 cent.

PESARO

381 — **Camille Sforce**, d'Aragon (1569). Tête à gauche, de trois quarts. CAMILLA. SFOR. DE. ARAGONIA. MATRONAR. PUDICISSIMA. PISAERI. DOMINA. Ɽ. Femme, bélier et licorne. SIC. ITUR. AD. ASTRA. OPUS. SPERANDUI.

8 cent.

382 — **Constance Sforce** (1483). Buste à gauche. CONSTANTIUS. SFORTIA. DE. ARAGONIA, etc. Ɽ. INEXPUGNABILE. CASTELLUM. CONSTANTIUM. PISAURENSI, etc., MCCCCLXXX. Château fort.

8 cent.

FORLI

283 — **Octavien Sforce**. Tête à gauche. OCTAVIANUS. SF. DE. RIARIO. FORLIVII. IMOLE. Q. D. Ɽ. Cavalier l'épée en main.

7 cent.

384 — **Catherine Sforce** (XVIᵉ siècle). Tête à gauche. CATARINA. SFOR. VICECO. DE. RIARIO. IMOLAE. FORLI. VI. DUA. Ɽ. Paris. TIBI. ET. VIRTUTI.

6 cent.

385 — *La même*. Tête à gauche. CATHARINA. SF. DE. RIARIO. D. FORLI. VII. SMOLAE. QUE. Ɽ. Femme dans un char à deux chevaux ailés. VICTORIAM. FAMA. SEGNETUR.

7 cent.

DUCS DE SAVOIE

386 — **Philibert II** de Savoie (1504). Têtes en regard du duc de Savoie et de sa femme. PHILIBERTUS. DUX. SABAUDIE. VIII. MARGU. MAXI. CAE. ANG. F. D. S. R'. Écusson. FERT. GLORIA. etc.

10 cent.

387 — **Marguerite de France**. duchesse de Savoie (1574). Tête à gauche. MARGARITA. A. FRANCIA. EMAN. PHIL. ALLOB. DUCIS. CONJUX. R'. Coffret fermé. DIV. POST. FATA. NITESCET.

5 cent.

388 — *La même*. Tête à gauche. MARGARITA. DE. FRANTIA. D. SABAUDIAE. Sans revers.

5 cent.

389 — *La même*. Tête à gauche. MARGARITA. DE. FRANTIA. D. SABAUDIAE. Même tête et même lég.

5 cent.

390 — **Christine de France** (1663). Tête à droite. CHRISTIA. A. FRANCIA. DUCISSA. SAB. REG. CYP. (G. DUPRÉ. F.) 1635.

6 cent.

391 — *La même*. Tête à droite. CHRISTIA. A. FRANCIA, DUCISSA. SAB. REG. CYP. (G. DUPRÉ.) R'. Ruban autour d'une masse d'armes. PLUS. DE. FERMETÉ. QUE. D'ÉCLAT.

5 cent.

392 — *La même*. Tête à gauche. CHRISTIA. A. FRANCIA. DUCISSA. SAB. REG. CYP. (A. DUPRÉ. 1637.) Sans revers.

10 cent.

SPINOLA

393 — **Jean-Baptiste Spinola** (xvie siècle). Tête à droite.
JOAN. BAPTISTA. SPINOL. A. NAT. A. XXV. ℟ Prométhée allu-
mant sa torche au soleil. QUID. NIMIS. MDLXII.

4 cent.

394 — '*Le même.* Tête à gauche. BAP. SPINOLA. DE. SENAVALLIS.
℟. Une galère.

4 cent. 1/2.

BOLOGN . — BENTIVOGLIO

394 *bis* — **Jean II** Bentivoglio (1508). Tête à droite. IOAN-
NES. BENTIVOLUS. II. BONONIENSIS. ℟. MAXIMILIANI. IMPERATO-
RIS. MUNUS. MCCCCLXXXXIIII.

3 cent.

395 — *Le même.* Buste à droite. IOANNES. BENTIVOGLIO. II. HAN-
NIBALIS. FILIUS. EQUES. AC. COMES. PATRIAE. PRINCEPS. AC.
LIBERTATIS. COLUMEN. ℟. Bentivoglio à cheval, derrière
lui un homme d'armes. OPUS. SPERANDEI.

9 cent.

RIMINI

396 — **Sigismond Pandolphe Malatesta** (1468).
Tête à gauche. ℟. Génie funèbre. OPUS. SPERANDEI.
Plomb.

8 cent. 1/2.

397 — *Le même.* Tête à gauche. SIGISMONDUS. P. D. MALATESTIS.
S. R. ECL. C. GENERALIS. ℟. Femme assise soutenant une
colonne brisée. MCCCCXLVI.

398 — *Le même*. Tête à gauche. SIGISMUNDUS. PANDULFUS. MA-
LATESTA. R⁄. Main tenant des verges. PONTIFICII. EXERCI-
TUS. IMP. MCCCCXLVII.

3 cent.

399 — *Le même*. Tête à droite. SIGISMUNDUS. PANDULFUS. DE.
MALATESTIS. ARIMINI. FANI. Sans revers.

9 cent.

400 — *Le même*. SIGISMONDUS. PANDULFUS. DE. MALATESTIS. S. RO.
ECLESIAE. C. GENERALIS. R⁄. Femme assise sur un siége,
tenant une colonne brisée. MCCCCXLVI.

4 cent.

401 — *Le même*. SIGISMUNDUS. PANDULFCS. DE. MALATESTIS. ARI-
MINI. FANI. D. R⁄. Guerrier visière baissée, écusson et cimier. OPUS. PISANI. PICTORIS.

9 cent.

402 — *Le même*. Tête à droite. SIGISMUNDUS. DE. MALATESTIS.
ARIMINI, etc. R⁄. Sigismond à cheval, château portant l'é-
cusson des Malateste. MCCCCXLV.

10 cent.

403 — *Le même*. Tête à gauche. SIGISMUNDUS. PANDULFUS. MA-
LATESTA. PAN. FIL. R⁄. Forteresse. CASTELLUM. SISMUNDUM.
ARMINENSE. MCCCCXLVI.

8 cent.

404 — *Le même*. Tête à gauche. SIGISMUNDUS. P. D. MALATESTIS.
S. R. ECL. C. GENERALIS. R⁄. Cimier et écusson. O. M. D. P.
V. MCCCCXLVI.

4 cent.

405 — *Le même*. Tête à gauche. SIGISMUNDUS. MALATESTA. PAN.
F. R⁄. Dôme. PRAECL. ARIMINI. TEMPLUM. AN. GRATIAE. V. F.
MCCCCL.

4 cent.

406 — Dominique Malatesta (1465). Tête à gauche. MA-
LATESTA. NOVELLUS. CESENAE. DOMINUS. DUX. EQUITUM. PRAES-
TANS. R'. Chevalier s'agenouillant devant une croix. OPUS.
PISANI. PICTORIS.

8 cent.

407 — Isotte de Rimini (1470). Tête à droite. D. ISOTTAE.
ARIMINENSI. R'. Éléphant. MCCCXLVI.

8 cent.

407 *bis*. — *La même*. ISOTE. ARIMINENSI. FORMA. ET. VIRTUTE.
ITALIE. DECORI. R'. Éléphant. OPUS. MATHEI. DE. PASTIS.
MCCCCXLVI.

9 cent.

408 — *La même*. Tête à droite. D. ISOTTAE. ARIMINEN.
MCCCCXLVI. R'. Livre fermé. ELOGIAE.

4 cent.

CAMERINO

409 — Hercule arano (1548). Tête à gauche. HERCULES.
VARANA. CAMERINI. DUX. II. R'. Tour. ESTO. NOBIS. DEB. TUR-
RIS. FORTITUDINIS.

4 cent.

VIGEVANO. — TRIVULCE

410 — Jean-Jacques Trivulce (1518). Tête à gauche.
JACOBUS. TRIVLS FRAN. MARESCALUS. R'. EXPUGNATA. ALEXAN-
DRIA. DELETO. EXERCITU. ETC. Médaille carrée et dorée.

5 cent.

411 — *Le même* (1518). Tête à droite. JO. JA. TRI. MAR. VIG.
FRAN. MARESC. R'. Tête à droite. NEC. CEDIT. UMBRA. SOLI.

4 cent.

412 — Jean-François Trivulce (1573). Tête à droite.
JO. FRAN. TRI. MAR. VIG. CO. MUSO. AC. VAL. REN. ET. STESA.
A l'exergue : AET. 39. R'. Vénus sortant des flots. FUI. SUM.
ET. ERO.

6 cent.

60
Rollin

413 -- Théodore Trivulce, vice-roi de Sicile. 1656.
Tête à droite. THEOD. TRIVULTIUS. S. R. I. MESOCHII. EVAL.
MES. PRIN. ET. C. (MAS. F.). Sans revers.

4 cent.

25
Rollin

414 — Laure de Gonzague, femme de Jean Trivulce.
XVIe siècle. Tête à droite. LAURA. GONZ. TRIVE. R'. Fleuve
couché (Mincio). SEMPER. ILLAESA.

5 cent.

25
Rollin

MANTOUE

415 — Cécile de Gonzague (1474). Tête à gauche. CECI-
LIA. VIRGO. FELIX. JOANNIS. FRANCISCI. PRIMI. MARCHIONIS.
MANTUE. R'. Femme et une licorne, croissant. OPUS. PI-
SANI. PICTORIS. MCCCCXLVII. Plomb.

8 cent. et 1/2.

9
Signol

416 — Cécile de Gonzague (1474). Tête à gauche. Médaille longue et carrée. Sans légende ni revers.

8 cent.

4
Perkins

417 — Vincent II de Gonzague (1626). Tête à gauche.
VIN. II. D. G. DUX. MAN. VII. ET. M. F. V. (G. MORONI). R'. Dogue.
FERIT. TANTUM. INFENSUS.

4 cent. 1/2.

417 bis. — *La même.*

4 cent. 1/2.

5.50
Hamburger

418 — Vincent Ier de Gonzague (1612). Tête à droite. VIN-

,6
Charvet

CENTIUS. GONZAGA. R'. Guerrier terrassant un dragon. D.
G. DUX. MANT. IIII. ET. MONT. F. II., etc. PROTEE. NOSTER.
ASPICE.

4 cent.

419 — **Louis III** de Gonzague (1468). Tête à gauche. LUDO-
VICUS. DE. GONZAGA. MARCHIO. MANTUE. ETCET. CAPITANEUS.
ARMIGERORUM. R'. Cavalier, héliotrope soleil. OPUS. PISANI.
PICTORIS.

10 cent.

420 — *Le même*. Tête à gauche. LUDOVICUS. DE. GONZAGA. MAR-
CHIO. MANTUAE. AI. DUCALIS. LOCUM. TENENS. GENERALIS. FR.
SFORTIA. R'. Amour et porc-épic dans le champ. OPUS. PETRI.
DOMO. FANI.

9 cent.

421 — **Jean de Gonzague** (1481). Tête à droite. IO. GONZA.
MARCHIO. AR. R'. Galère.

3 cent.

422 — **Jean François II** de Gonzague (XVI° siècle). Tête
à gauche. FRANCISCUS. MARCHIO. MANTUE. IIII. R'. Un combat.
FAVEAT. FOR. VOTIS. Exergue : FR. BURENTO. OPUS.

5 cent.

423 — **Hippolyte de Gonzague** (XVI° siècle). Tête à
gauche. HIPPOLYTA. GONZAGA. FERDINANDI. FIL. AN. XVII.
(JAC. TREZ.) R'. L'Aurore sur son char. VIRTUTIS. FORMAE.
QUE. PROEVIA.

7 cent.

424 — **Ferdinand Gonzague**, marquis de Mantoue (1626).
Tête à gauche. FERDIN. D. G. DUX. MANTUE. VI. ET. MARCH.
FER. IIII. R'. Soleil. NON. MUTATA. LUCE. Ovale.

4 cent.

425 — **Léonore d'Autriche,** duchesse de Mantoue (XVIᵉ siècle). Tête à droite. MARIA. LEONORA .DUCISSA. AET. XVI. 1566. Plomb. Sans revers.

6 cent.

SABIONETTA

426 — **Jean François de Gonzague,** duc de Sabionetta (1496). Tête à gauche. IOHANNES. FRANCISCUS. GONZ. ℞. Brasier. MARCHIO. COMES. ROTI. Sur une bandelette : PROBITAS. LAUDATUR.

4 cent.

NOVELLARA

427 — **Barbe de Gonzague** (1572). Tête à droite. BAR-BARA. GONZ. BORR. COM. NOVELL. AN. XVII. ℞. Deux pics de rocher, portant deux braziers griffon. NON. VILI. OB. NOXIA. VENTO.

4 cent. 1/2.

428 — **Alfonse de Gonzague** (1589). Tête à droite. AL-FONSUS. GONZAGA. NOVELLARIE, COMES. (N.) Sans revers.

9 cent.

SALUCES

429 — **Marguerite de Foix,** marquise de Saluces. (XVIᵉ siècle). Tête à gauche. MARGARETA. DE. FUXO. MARCHIONISA. SALUCIA. (R. TR. 1516). ℞. Oiseau sur la branche d'un arbre portant l'écusson de Saluces. DEUS. PROTECTOR. ET. REFU-GIUM. MEUM. (J. P.)

4 cent.

PARME. — LES FARNÈSE

430 — **Octave Farnèse** (1585). Tête à gauche. OCTAVIUS. F. PARM. ET. PLAC. DUX. II. R̷. Apollon et Marsias. CUM. DIIS. NON. CONTENDAM.

3 cent.

431 — **Octave Farnèse** et **Marguerite d'Autriche** (1585). Tête à droite. OCTAVIUS. FARNESIUS. R̷. Tête à gauche. MARGARITA. AUSTRIA.

4 cent.

432 — **Marguerite d'Autriche**, duchesse de Parme (1586). Tête à gauche. MARGARITA. AUSTRIA. Sans revers.

3 cent.

433 — **Alexandre Farnèse**, cardinal (1589). Tête à droite. ALEXANDER. CARD. FARN. S. Z. E. VICE. CAN. (JO. F. MILON. F.) R̷. Monument. FECIT. ANNO. SAL. MDLXXV.

5 cent.

434 — **Alexandre III Farnèse** (1592). ALEXANDER. FARNESIUS. P. PRINC. AN. XIII. NAT. Sans revers.

4 cent.

435 — *Le même.* Tête à droite. ALEXANDER. FARNESUIS. PLAC. ET. PARM. DUX. III. R̷. Statue équestre. PLAC. CIV. OPTIMO. PRINCIPI. (FRAN. MOCHINI.)

5 cent.

FERRARE

436 — **Lionel d'Este** (1450). Tête à gauche. LEONELLUS. MARCHIO. ESTENSIS. D. FERRARIE. REGII. ET. MUTINE. (GE. R.

AR.) R̸. Génie déroulant un parchemin devant un lion,
aigle perché, mat et voile sculptés sur une pierre, sur
laquelle on lit : MCCCCXLIIII. Dans le champ. OPVS. PISANI.
PICTORIS.

10 cent.

437 — *Le même*. Tête à droite. LEONELLUS. MARCHIO. ESTENS.
R̸. Quadruple tête. OPUS. PISANI. PICTORIS.

7 cent.

438 — **Hercule Iᵉʳ** (1505). Tête à gauche. FERE. HER. DUX.
1472. Sans revers. Carré.

8 cent.

439 — **Octave d'Este** (1526). Tête à gauche. ESTEN. COM.
S. PPˢ. COME. OCT. TASSENVS. R̸. Monument. ARCE. ANTI-
QVA. LABENTE. NOVAM. EXTRUXIT.

6 cent.

440 — **Alphonse Iᵉʳ d'Este** (1534). Tête à droite. ALFON-
SUS. ESTENSIS. R̸. Char triomphal. OPVS. NICOLAI. FLOREN-
TINI. MCCCLXXXXI.

7 cent.

441 — *Le même* (1547). Tête à droite. ALFON. EST. ALF. DUCIS.
FILI. 1545. Sans revers.

4 cent.

442. — **Hercule II d'Este** (1559). Tête à droite. DUC. FER-
RARIE. IV. Sans revers.

8 cent.

443 — **Barbe d'Autriche**, duchesse de Ferrare (1572).
BARBARA. AVST. ESTEN. 1565. (P.) Sans revers.

6 cent.

444 — **Louis d'Este** (1586). Tête à gauche. ALOYSIUS. ES-
TENSIS. MDLX. Sans revers.

7 cent.

445 — *Le même.* Tête à gauche. ALOYSIUS. ESTENSIS. MDLX. Ŗ.
Hercule étouffant des serpents. MCCCCLXXVII.

6 cent.

446 — **Philippe d'Este.** Tête à droite. PHILIPPUS. ESTEN.
MARCH. Ŗ. Trois personnages debout.

5 cent.

447 — **Alfonse II d'Este** et **Lucrèce de Médicis**
(1597). Tête à droite. ALFONS. ESTEN. FERR. PRINCEPS. Ŗ.
Tête à droite. LUCRETIA. MED. ESTEN. FERR. PRINCEPS.

4 cent.

448 — **César d'Este** (1628). Tête à gauche. CAESAR. EST.
LF. DUCIS. NEP. 1575. Ŗ. Guerrier à cheval.

5 cent.

449 — **François d'Este** (XVIe siècle). Buste à droite. FRAN-
CISCUS. ESTENSIS. Ŗ. PARI. ANIMO. Deux temples ronds.

6. cent.

TOSCANE

450 — **Cosme de Médicis**, l'ancien (1464). Tête à gauche. MAGNUS. COSMUS. MEDICIS. P. P. P. Ŗ. Florence assise
tenant le lys rouge et un globe, PAX. LIBERTAS. QUE. PUBLI-
CA. FLORENTIA.

7 cent.